¡MARCHANDO UNA DE POLLO!

¡MARCHANDO UNA DE POLLO!

LAS MEJORES RECETAS CON POLLO

This edition published by Parragon Books Ltd in 2014 and distributed by:

Parragon Inc.
440 Park Avenue South, 13th Floor
New York, NY 10016, USA
www.parragon.com/lovefood

LOVE FOOD is an imprint of Parragon Books Ltd

ISBN: 978-1-4723-5969-8

Impreso en China/Printed in China

Recetas nuevas: Beverly Le Blanc
Introducción y otros textos: Anne Sheasby
Fotografías nuevas: Clive Streeter
Economía doméstica nueva: Theresa Goldfinch
Diseño adicional: Siân Williams
Ilustraciones del interior: Nicola O'Byrne y Julie Ingham

Traducción: Carme Franch para Delivering iBooks & Design
Redacción y maquetación: Delivering iBooks & Design, Barcelona

Notas:
En este libro las medidas se dan en los sistemas métrico e imperial. Cuando el nombre de algún ingrediente varía de una región del ámbito hispánico a otra, se ha procurado ofrecer las variantes. Se considera que 1 cucharadita equivale a 5 ml y 1 cucharada, a 15 ml; asimismo, las tazas indicadas en las medidas son rasas. Si no se da otra indicación, la leche será siempre entera; la mantequilla, con sal; los huevos, grandes; las verduras u hortalizas, de tamaño medio, y la pimienta, negra y recién molida. Si no se da otra indicación, lave y pele las hortalizas de raíz antes de añadirlas a las recetas.

Las guarniciones y sugerencias de presentación son opcionales y no siempre se incluyen en la lista de ingredientes o la preparación. Los tiempos indicados son orientativos. Los tiempos de preparación pueden variar de una persona a otra según su técnica culinaria; asimismo, también pueden variar los tiempos de cocción. Los ingredientes opcionales, las variaciones y las sugerencias de presentación no se han incluido en los cálculos.

Las recetas que llevan huevo crudo o poco hecho no están indicadas para niños, ancianos, mujeres embarazadas ni personas convalecientes o enfermas. Se recomienda a las mujeres embarazadas o lactantes que no consuman cacahuetes ni productos derivados. Las personas alérgicas a los frutos secos deberán omitirlos en las recetas que los lleven. Lea siempre con atención el envase de los productos antes de consumirlos.

ÍNDICE

ORDEN EN EL CORRAL

El pollo es el ave de corral más conocida y, probablemente, la más consumida. Apreciado por su carne y sus huevos, está disponible todo el año. Según el tipo de pollo que sea, o si lo compra entero o por trozos, también resulta muy asequible.

En la cocina es un producto muy versátil con el que se prepara una gran variedad de platos en todo el mundo. Es fácil de cocinar y se presta a todo tipo de métodos de cocción: asado al horno, rehogado, salteado, frito, a la plancha, a la barbacoa, gratinado, escalfado, al vapor o a la cazuela.

La carne de la pechuga es magra y de color claro, con una textura fina y un sabor delicado. Suele hacerse más deprisa que la carne más oscura del muslo, de textura más densa y un sabor más intenso. Los higadillos de pollo, pequeños y tiernos, son delicados al paladar y se utilizan en patés y terrinas. Los menudillos (que suelen comprender el cuello, la molleja, el hígado, el corazón y a veces los riñones) se aprovechan para hacer caldo o reducciones.

El pollo fresco o congelado se vende entero, listo para asar, troceado (pechugas con el hueso, pechugas sin el hueso ni la piel enteras o en filetes, muslos y contramuslos juntos o por separado, y alitas) o picado. También encontrará pollo adobado o condimentado, ya sea entero o troceado, para cocinarlo en casa.

En el supermercado, la carnicería, el mercado y las tiendas de pequeños productores encontrará distintos tipos de pollo de granja y de corral. Si puede, cómprelos de corral o de producción ecológica, ya que se crían y viven en mejores condiciones. Son una opción más ética y saludable y su sabor suele ser superior, aunque también resultan más caros.

Lo ideal es optar por la mejor calidad posible, si puede ser comprada en una carnicería de confianza (donde le dirán de dónde procede el ave y cómo se ha criado). El pollo de granja resulta más barato, pero la calidad, el sabor y la textura de la carne pueden verse afectados por la alimentación y las condiciones de cría, por lo que en general suelen considerarse inferiores.

El pollo es una magnífica fuente de proteínas y aporta vitaminas y minerales, incluidas vitaminas del grupo B y selenio. Además, contiene poca grasa y menos grasas saturadas que otras carnes, sobre todo si se le quita la piel. Puede dejarla durante la cocción para que el pollo quede jugoso y sabroso y, si lo desea, quitarla antes de servirlo.

APERITIVOS Y GUARNICIONES

TOSTADAS DE POLLO

PARA: 4 PERSONAS

PREPARACIÓN: 15 MINUTOS

COCCIÓN: 10 MINUTOS

INGREDIENTES

12 rebanadas de pan

4 cucharadas/¼ de taza de aceite de oliva

2 dientes de ajo picados

2 cucharadas de orégano bien picado, y un poco más para adornar

100 g/4 oz de pollo asado frío en lonchas (lonjas) finas

4 tomates (jitomates) en rodajas

12 rodajas finas de queso de cabra

12 aceitunas negras sin el hueso y picadas

sal y pimienta al gusto

1. Precaliente el horno a 180 °C (350 °F) y el gratinador a temperatura moderada. Ponga el pan bajo el gratinador y tuéstelo un poco por ambos lados.

2. Mientras tanto, mezcle el aceite con el ajo y el orégano en un cuenco. Salpimiente y mezcle bien. Saque el pan del gratinador y, con una cucharilla, reparta parte del aliño por un lado de las tostadas.

3. Ponga las tostadas, con la cara aliñada hacia arriba, en la bandeja del horno. Reparta el pollo por encima y coloque 1 rodaja de tomate en cada una. Añada el queso de cabra y, por último, las aceitunas.

4. Reparta el resto del aliño sobre las tostadas y caliéntelas en el horno precalentado unos 5 minutos, o hasta que el queso se dore y empiece a derretirse. Adórnelas con orégano y sírvalas enseguida.

CESTITAS DE ENSALADA DE POLLO

La ensalada de pollo se prepara en un momento y es una buena opción para llevar de excursión. En esta receta se sirve en unas cestitas de pan tostado, pero también es un magnífico relleno para un sándwich.

PARA: 20 UNIDADES

PREPARACIÓN: 20–25 MINUTOS

COCCIÓN: 10–15 MINUTOS, MÁS ENFRIADO

INGREDIENTES

1 pan de molde sin corteza en rebanadas finas

mantequilla o margarina sin sal derretidas

225 g/1½ tazas de pollo cocido bien picado

115 g/3 ramas de apio bien picadas

35 g/⅓ de taza de pacanas (nueces pecán) bien picadas tostadas

1 cucharadita de mostaza a la miel y 1 de zumo (jugo) de limón

mayonesa

sal y pimienta al gusto

1. Precaliente el horno a 160 °C (325 °F). Aplane las rebanadas de pan con un rodillo. Úntelas por una cara con un poco de mantequilla. Recorte cada rebanada en forma de redondel con un cortapastas pequeño. Presione los redondeles dentro de unos moldes individuales de cerámica con la parte untada hacia arriba. Tueste el pan en el horno precalentado de 15 a 17 minutos, o hasta que empiece a tomar color. Desmóldelo y déjelo enfriar del todo.

2. Ponga el pollo, el apio, las pacanas, la mostaza y el zumo de limón en un bol, y remueva con suavidad. Incorpore mayonesa hasta ligar la ensalada. Salpiméntela. Rellene las cestitas de pan tostado con la ensalada de pollo y sírvalas enseguida.

CROQUETAS CRUJIENTES DE POLLO Y JAMÓN

Estas croquetas son un delicioso aperitivo o un tentempié ideal para cualquier hora del día. Sírvalas con alioli u otra salsa para mojar.

PARA: 8 UNIDADES   **PREPARACIÓN: 20 MINUTOS, MÁS REFRIGERACIÓN**   **COCCIÓN: 20–25 MINUTOS**

INGREDIENTES

4 cucharadas/¼ de taza de aceite de oliva

4 cucharadas/¼ de taza de harina

200 ml/1 taza de leche

115 g/1 taza de pollo cocido triturado

55 g/2 oz de jamón serrano bien picado

1 cucharada de perejil picado

1 pizca pequeña de nuez moscada recién rallada

1 huevo batido

55 g/2 rebanadas de pan del día anterior rallado

aceite de girasol, para freír

sal y pimienta al gusto

alioli, para acompañar

1. Caliente el aceite de oliva a temperatura media en una cazuela. Rehogue la harina a fuego lento 1 minuto sin dejar de remover.

2. Aparte la cazuela del calor e incorpore la leche poco a poco, removiendo para que no se formen grumos. Devuelva la bechamel al fuego y llévela a ebullición a fuego lento, sin dejar de remover, hasta que borbotee y empiece a espesarse.

3. Vuelva a apartar la cazuela del fuego e incorpore el pollo a la bechamel. Añada el jamón, el perejil y la nuez moscada, y mézclelo bien. Salpimiéntelo.

4. Extienda la pasta de las croquetas en una fuente, déjela reposar 30 minutos o hasta que se ponga a temperatura ambiente, tápela y refrigérela 2 o 3 horas como mínimo, o toda la noche.

5. Reparta la pasta en 8 porciones iguales y, con las manos húmedas, deles forma de cilindro.

6. Ponga el huevo batido en un plato y el pan rallado, en otro. Reboce las croquetas de una en una, primero con el huevo y después con el pan rallado. Refrigérelas al menos 1 hora.

7. Caliente aceite de girasol abundante en una sartén grande o en la freidora a 180-190 °C (350-375 °F), o hasta que un dado de pan se dore en 30 segundos. Fría las croquetas de 5 a 10 minutos, o hasta que estén bien doradas y crujientes.

8. Sáquelas del aceite con una espumadera y déjelas escurrir sobre papel de cocina.

9. Sirva las croquetas muy calientes, acompañadas de alioli para mojar.

NACHOS RÁPIDOS CON POLLO

Los nachos suelen triunfar entre todos los miembros de la familia. En esta receta llevan pollo en lugar de las tradicionales alubias refritas.

PARA: 4 PERSONAS

PREPARACIÓN:
10 MINUTOS

COCCIÓN:
10-15 MINUTOS

INGREDIENTES

100 g/4 tazas de nachos de maíz (elote, choclo)

150 g/1 taza de pollo cocido desmenuzado

85 g/¾ de taza de cheddar rallado

pimienta al gusto

6 cucharadas/⅓ de taza de salsa de tomate (jitomate), para servir

6 cucharadas/⅓ de taza de nata (crema) agria, para servir

1. Forre la base de una sartén antiadherente con papel de aluminio de doble grosor y caliéntela a fuego medio-fuerte.

2. Extienda los nachos en una sola capa en la sartén. Reparta el pollo y el queso por encima. Tape la sartén con una tapa o un trozo de papel de aluminio.

3. Caliente los nachos de 10 a 15 minutos, hasta que el queso empiece a derretirse (levante la tapa o el aluminio de vez en cuando para comprobarlo).

4. Sazone los nachos con pimienta y sírvalos con la salsa de tomate y la nata agria por encima.

ALITAS DE POLLO CON SALSA DE SOJA Y JENGIBRE

Comer con los dedos puede resultar una experiencia especialmente gratificante, y estas alitas adobadas y dulces son una exquisita manera de comprobarlo.

PARA: 4 PERSONAS

PREPARACIÓN:
15 MINUTOS, MÁS ADOBO

COCCIÓN:
12–15 MINUTOS

INGREDIENTES

12 alitas de pollo

2 dientes de ajo aplastados

1 trozo de jengibre de 2,5 cm/
1 in pelado y picado

2 cucharadas de salsa de soja
oscura

2 cucharadas de zumo (jugo)
de lima (limón)

1 cucharada de miel

1 cucharadita de salsa de
guindilla (ají picante, chile)

2 cucharaditas de aceite
de sésamo

cuñas de lima (limón),
para servir

1. Remeta la punta de las alitas bajo la parte más gruesa para que queden en forma de triángulo.

2. Mezcle el ajo con el jengibre, la salsa de soja, el zumo de lima, la miel, la salsa de guindilla y el aceite.

3. Vierta el adobo sobre las alitas y deles la vuelta para que se empapen bien. Tápelas y déjelas macerar varias horas o toda la noche.

4. Precaliente el gratinador a temperatura máxima y forre la bandeja del horno con papel de aluminio. Gratine las alitas, rociándolas a menudo con el adobo, de 12 a 15 minutos, o hasta que al pinchar la parte más carnosa con la punta de un cuchillo afilado salga un jugo transparente.

5. Sírvalas calientes con cuñas de lima.

¡GRAN IDEA!

Si agasaja a sus invitados con estas deliciosas alitas, no olvide servirlas con muchas servilletas y un cuenco con agua para que se limpien los dedos.

ALITAS DE POLLO CRUJIENTES

PARA: 4 PERSONAS

PREPARACIÓN:
40–45 MINUTOS

COCCIÓN:
20–25 MINUTOS

INGREDIENTES

12 alitas de pollo
1 huevo
4 cucharadas/¼ de taza de leche
70 g/²/₃ de taza de harina
1 cucharadita de pimentón dulce
225 g/2 tazas de pan rallado
55 g/4 cucharadas de mantequilla
sal y pimienta al gusto

1. Precaliente el horno a 220 °C (425 °F). Corte las alitas en tres trozos y deseche las puntas. Bata el huevo con la leche en un plato llano.

2. Mezcle la harina con el pimentón en otro plato llano y salpiméntela. Ponga el pan rallado en un plato aparte. Pase las alitas por el huevo, escúrralas y luego rebócelas con la harina.

3. Sacúdalas para que caiga la harina que no se haya adherido y rebócelas con el pan rallado, presionándolo un poco y sacudiéndolas para comprobar que quede bien adherido.

4. Ponga la mantequilla en una fuente refractaria ancha y baja y derrítala en el horno precalentado.

5. Extienda las alitas rebozadas en la fuente con la piel hacia arriba.

6. Áselas 10 minutos por cada lado. Para saber si el pollo está hecho, realice un corte en medio de una alita para comprobar que ya no está rosada.

7. Pase las alitas de pollo a una fuente de servicio y sírvalas.

MUSLOS DE POLLO CON SALSA BARBACOA

PARA: 6 PERSONAS   **PREPARACIÓN:** 15 MINUTOS, MÁS ADOBO   **COCCIÓN:** 1 HORA

INGREDIENTES

12 muslos de pollo (1,6 kg/ 3½ libras en total)

225 ml/1 taza de salsa barbacoa

1 cucharada de azúcar moreno

1 cucharada de vinagre de manzana

1 cucharadita de sal

½ cucharadita de pimienta

½ cucharadita de tabasco

aceite vegetal, para pintar

ensalada, para servir

1. Con un cuchillo afilado, realice dos cortes paralelos separados por 2,5 cm (1 in) en la parte más gruesa de los muslos, hasta llegar al hueso. Ponga los muslos en una bolsa grande de plástico para congelar con cierre hermético.

2. Mezcle 4 cucharadas (¼ de taza) de la salsa barbacoa con el azúcar, el vinagre, la sal, la pimienta y el tabasco en un cuenco. Viértalo en la bolsa, presiónela para sacar todo el aire que pueda y ciérrela herméticamente. Agítela con suavidad para que los muslos queden bien impregnados y déjelos macerar 4 horas al menos en el frigorífico.

3. Precaliente el horno a 200 °C (400 °F). Forre la bandeja con papel de aluminio y píntelo con un poco de aceite.

4. Con unas pinzas, pase los muslos a la bandeja. Deseche el adobo. Pinte los muslos por ambos lados con parte de la salsa barbacoa restante.

5. Áselos 15 minutos, sáquelos del horno y píntelos generosamente con más salsa barbacoa. Devuélvalos al horno y repita este proceso tres veces más hasta completar 1 hora de cocción o hasta que el pollo esté tierno y, al pinchar la parte más carnosa con la punta de un cuchillo afilado, salga un jugo transparente. Sírvalos con ensalada.

¡MENUDO POLLO!

Con un pollo de tamaño medio de unos 1,5 kg (3¼ libras) basta para alimentar a cuatro personas, y aún quedan sobras para el día siguiente. Con las carcasas crudas o asadas (véanse las páginas 50-51) puede hacer caldo y añadirlo a sopas, risottos y guisos (o congelarlo para otra ocasión). Si tiene tiempo le resultará más barato comprar un pollo entero y trocearlo en casa que comprar las pechugas, los muslos y los contramuslos por separado.

CÓMO TROCEAR UN POLLO

El pollo puede cortarse en cuatro trozos (dos patas y dos pechugas) o en ocho (dos contramuslos, dos muslos, dos pechugas y dos alas).

• Antes de trocear el ave, si estuviera atada retírele el bramante. Con un cuchillo grande y bien afilado, retire la espoleta. Con la ayuda de unas tijeras de cocina o un cuchillo afilado, separe las alas y córteles los extremos (le irán bien para hacer caldo junto con la carcasa cruda).

• Coloque el pollo, con la pechuga hacia arriba, sobre una tabla de cocina. Corte la piel de un lado del ave, entre el cuerpo y el contramuslo, a ras de este último. Sepárelo todo lo que pueda y retuérzalo con un movimiento brusco para romper la articulación que lo une a las costillas. Córtelo con el cuchillo para separarlo del cuerpo. Haga lo mismo con el otro contramuslo.

Si desea obtener ocho trozos, separe también los muslos. Para ello, coloque los contramuslos en la tabla y realice un corte en la articulación. Recorte la parte superior de los

muslos (también le irá bien para hacer caldo). Haga lo mismo con el otro contramuslo.

• Para separar las pechugas con hueso, realice un corte a lo largo del esternón desde el cuello hasta la cola con un cuchillo afilado. Después, corte a ras del hueso de una de las pechugas, siguiendo el contorno. Con unas tijeras afiladas, realice un corte a través de las costillas que unen la pechuga al esternón y, después, corte por la línea de grasa del otro lado de la pechuga (alrededor del borde), atravesando la carne y la piel para

separar la pechuga del cuerpo. Deseche los colgajos de piel y grasa. Haga lo mismo con la otra pechuga.

Si desea obtener ocho trozos, parta las pechugas por la mitad al bies de modo que una mitad comprenda un ala y parte de la pechuga y la otra, solo carne de la pechuga.

• Para deshuesar las pechugas, con un cuchillo afilado, vaya separando con cuidado la carne de las costillas siguiendo la forma del esternón o de la caja torácica por debajo de la carne. Separe la carne del hueso. Haga lo mismo con la otra pechuga.

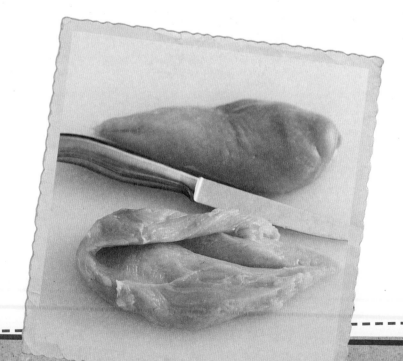

PATATAS RELLENAS DE POLLO

PARA: 4 PERSONAS

PREPARACIÓN:
15 MINUTOS

COCCIÓN:
15-20 MINUTOS

INGREDIENTES

4 patatas (papas) para asar
partidas por la mitad a lo largo

2 cucharadas de aceite de
girasol, y un poco más
para untar

1 cebolla bien picada

2 cucharadas de harina

nuez moscada recién rallada,
al gusto

300 ml/1¼ tazas de leche

200 g/1½ tazas de pollo cocido,
sin el hueso ni la piel, en dados

200 g/1½ tazas de jamón dulce
en dados

2 tomates (jitomates) secados
al sol en aceite, escurridos
y en rodajitas

2 cucharadas de perejil picado,
y un poco más para adornar

125 g/1 taza de mozzarella
rallada

sal y pimienta al gusto

1. Precaliente el gratinador a temperatura máxima y coloque la rejilla a 13 cm (5 in) de la fuente de calor.

2. Retire la pulpa de la patata, dejando una cáscara de 5 mm (¼ in) de grosor. (Si lo desea, resérvela para otra receta). Unte la piel de las patatas con aceite y salpimiéntelas.

3. Colóquelas en una fuente refractaria, con la parte cortada hacia arriba, y gratínelas 5 minutos. Deles la vuelta y áselas de 3 a 5 minutos más, hasta que estén crujientes. Saque la fuente del gratinador pero no lo apague.

4. Mientras tanto, caliente el aceite en una cazuela. Sofría la cebolla de 2 a 3 minutos, hasta que esté tierna. Añada la harina y nuez moscada y rehóguela 2 minutos. A continuación, vierta la leche poco a poco sin dejar de remover. Lleve la bechamel a ebullición, baje el fuego y cuézala 2 minutos.

5. Incorpore el pollo, el jamón, el tomate y el perejil a la bechamel y salpimiéntela.

6. Reparta el relleno entre las cáscaras de patata y esparza la mozzarella por encima. Gratínelas 4 o 5 minutos más, o hasta que el queso borbotee. Adórnelas con perejil picado y sírvalas.

ALBÓNDIGAS DE POLLO CON SALSA PARA MOJAR

PARA: 4 PERSONAS

PREPARACIÓN: 20 MINUTOS

COCCIÓN: 10–15 MINUTOS

INGREDIENTES

2 pechugas grandes de pollo sin el hueso ni la piel

3 cucharadas de aceite vegetal

2 chalotes (echalotes, escalonias) bien picados

½ rama de apio bien picada

1 diente de ajo majado

2 cucharadas de salsa de soja clara

1 huevo mediano un poco batido

1 manojo de cebolletas (cebollas tiernas o de verdeo)

sal y pimienta al gusto

SALSA PARA MOJAR

3 cucharadas de salsa de soja oscura

1 cucharada de vino de arroz

1 cucharadita de semillas de sésamo

---

1. Corte las pechugas en trozos de 2 cm (¾ in). Caliente la mitad del aceite en una sartén y saltee el pollo a fuego fuerte 2 o 3 minutos, hasta que se dore. Sáquelo con una espumadera y resérvelo.

2. Saltee el chalote, el apio y el ajo en la sartén un par de minutos, hasta que se ablanden.

3. Triture bien el pollo con las hortalizas salteadas en el robot de cocina. Añada 1 cucharada de la salsa de soja y el huevo justo para ligar el picadillo. Salpimiéntelo.

4. Para preparar la salsa para mojar, mezcle bien la salsa de soja con el vino de arroz y el sésamo en un cuenco y resérvela.

5. Forme 16 albóndigas con el picadillo. Caliente el resto del aceite en la sartén y saltee las albóndigas por tandas 4 o 5 minutos, hasta que se doren bien. Déjelas escurrir sobre papel de cocina.

6. Saltee las cebolletas en la sartén un par de minutos, hasta que empiecen a ablandarse, y, a continuación, eche el resto de salsa de soja. Sirva las albóndigas con las cebolletas salteadas y la salsa para mojar.

BROCHETAS DE POLLO CON SALSA SATAY

PARA: 4 PERSONAS

PREPARACIÓN: 15 MINUTOS, MÁS REMOJO Y ADOBO

COCCIÓN: 10 MINUTOS

INGREDIENTES

4 pechugas de pollo sin el hueso ni la piel, de 115 g/ 4 oz, en dados de 2 cm/¾ in

4 cucharadas/¼ de taza de salsa de soja

1 cucharada de maicena

2 dientes de ajo bien picados

1 trozo de jengibre de 2,5 cm/ 1 in pelado y bien picado

1 pepino en dados, para servir

SALSA DE CACAHUETE

2 cucharadas de aceite vegetal

½ cebolla bien picada

1 diente de ajo bien picado

4 cucharadas/¼ de taza de crema de cacahuete (cacahuete, maní) crujiente y 4-5 /¼ -⅓ de taza de agua

½ cucharadita de guindilla (ají picante, chile) molida

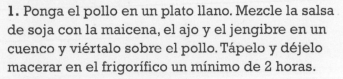

1. Ponga el pollo en un plato llano. Mezcle la salsa de soja con la maicena, el ajo y el jengibre en un cuenco y viértalo sobre el pollo. Tápelo y déjelo macerar en el frigorífico un mínimo de 2 horas.

2. Mientras tanto, ponga 12 brochetas de madera en remojo en agua fría al menos 30 minutos. Precaliente el gratinador y ensarte los dados de pollo en las brochetas. Gratínelas 3 o 4 minutos en una fuente refractaria. Deles la vuelta y áselas 3 o 4 minutos más, hasta que estén hechas. Para saber si el pollo está hecho, realice un corte en medio de un trozo para comprobar que ya no está rosado.

3. Mientras tanto, para preparar la salsa, caliente el aceite en una cazuela y sofría la cebolla y el ajo a fuego medio 3 o 4 minutos, hasta que se ablanden. Añada la crema de cacahuete, el agua y la guindilla molida, y deje cocer la salsa 2 o 3 minutos, hasta que se ablande y quede fluida. Sirva las brochetas enseguida con la salsa de cacahuete templada y los dados de pepino.

POLLO AL AJILLO

Esta receta está de rechupete, sobre todo si se sirve con pan para rebañar bien el plato.

PARA: 8 PERSONAS

PREPARACIÓN:
10 MINUTOS

COCCIÓN:
25–30 MINUTOS

INGREDIENTES

8 contramuslos de pollo con la piel, y a ser posible sin el hueso

pimentón ahumado dulce o picante al gusto

4 cucharadas/¼ de taza de aceite de oliva

10 dientes de ajo en láminas

125 ml/½ taza de vino blanco seco

1 hoja de laurel

sal

perejil picado, para adornar

pan, para acompañar (opcional)

1. Si fuera necesario, parta los muslos por la mitad y deshuéselos. Córtelos en trocitos del tamaño de un bocado, dejándoles la piel. Sazónelos con pimentón.

2. Caliente el aceite en una sartén grande o en una cazuela de hierro fundido y sofría el ajo a fuego medio, removiendo con frecuencia, 1 minuto o hasta que se dore bien. Sáquelo con una espumadera y déjelo escurrir sobre papel de cocina.

3. Rehogue el pollo en la sartén, dándole la vuelta de vez en cuando, 10 minutos o hasta que esté tierno y dorado por todos los lados. Añada el vino y el laurel, y llévelo a ebullición. Baje el fuego y cueza el pollo a fuego lento, removiendo de vez en cuando, 10 minutos o hasta que se evapore prácticamente todo el líquido y al pinchar la parte más carnosa con la punta de un cuchillo afilado, salga un jugo transparente. Deseche el laurel. Sale el pollo.

4. Páselo a una fuente de servicio y esparza el ajo reservado por encima. Adórnelo con perejil picado y, si lo desea, sírvalo con pan para mojar en la salsa.

ROLLITOS DE POLLO CON ACEITUNAS

Pese a llevar pocos ingredientes y prepararse en un santiamén, estos rollitos son muy llamativos. Sírvalos en una celebración entre amigos y seguro que los deja con la boca abierta.

PARA: 6–8 PERSONAS

PREPARACIÓN:
15–20 MINUTOS

COCCIÓN:
25–30 MINUTOS

INGREDIENTES

115 g/1 taza de aceitunas negras en aceite escurridas, reservando 2 cucharadas del aceite

140 g/1¼ barras de mantequilla ablandada

4 cucharadas/¼ de taza de perejil picado

4 pechugas de pollo sin el hueso ni la piel,

1. Precaliente el horno a 200 °C (400 °F). Deshuese las aceitunas y píquelas bien. Mézclelas luego con la mantequilla y el perejil en un bol. Extienda las pechugas de pollo entre dos trozos de film transparente y aplánelas suavemente con una maza o un rodillo.

2. Unte bien las pechugas con la mantequilla de aceitunas y enróllelas.

3. Cierre los rollos con palillos o átelos con bramante.

4. Póngalos en una fuente refractaria. Rocíelos con el aceite reservado de las aceitunas y áselos en el horno precalentado de 25 a 30 minutos. Para saber si el pollo está hecho, realice un corte en medio de un rollo para comprobar que la carne ya no está rosada.

5. Pase los rollos a la tabla de cortar, deseche los palillos o el bramante y córtelos en rodajas con un cuchillo afilado.

6. Póngalos en una fuente refractaria caliente y sírvalos enseguida.

PATÉ DE POLLO

PARA: 4 PERSONAS

PREPARACIÓN:
20–25 MINUTOS,
MÁS REFRIGERACIÓN

COCCIÓN:
10–15 MINUTOS

INGREDIENTES

140 g/1¼ barras de
mantequilla
1 cebolla bien picada
1 diente de ajo bien picado
250 g/8 oz de higadillos
de pollo
½ cucharadita de mostaza
de Dijon
2 cucharadas de brandy
(opcional)
sal y pimienta
tostadas de pan integral
y aceitunas verdes,
para acompañar

MANTEQUILLA CLARIFICADA

115 g/1 barra de mantequilla
con sal

1. Derrita la mitad de la mantequilla a fuego medio en una sartén grande y rehogue la cebolla 3 o 4 minutos, hasta que se ablande y esté transparente. Añada el ajo y rehóguelo todo 2 minutos más.

2. Retire las partes blanquecinas de los higadillos de pollo con unas tijeras de cocina. Póngalos en la sartén y saltéelos a fuego fuerte 5 o 6 minutos, hasta que se doren.

3. Salpimiente los higadillos generosamente y añada la mostaza y, si lo desea, el brandy.

4. Tritúrelos en la batidora o el robot de cocina. Corte el resto de la mantequilla en trocitos, añádalos a la batidora y vuelva a ponerla en marcha hasta que el paté quede cremoso.

5. Póngalo en una fuente de servicio o en 4 moldes individuales de cerámica, presionando para que quede compacto, alíselo con una espátula y tápelo con film transparente. Si va a consumirlo en un plazo superior a dos días, cúbralo con una capa de mantequilla clarificada. Derrita la mantequilla en un cazo y siga calentándola hasta que deje de borbotear. Cuando los sedimentos se hayan asentado en el fondo, viértala sobre el paté.

6. Refrigérelo hasta que vaya a servirlo, acompañado de tostadas y aceitunas verdes.

36

DELICIAS DE POLLO AL PARMESANO

Lo mejor de estas tiernas tiras de pollo con queso es que gustan a niños y mayores, y están igual de ricas tanto frías como calientes.

PARA: 4 PERSONAS

PREPARACIÓN: 20 MINUTOS, MÁS ADOBO

COCCIÓN: 20–25 MINUTOS

INGREDIENTES

4 pechugas de pollo sin el hueso ni la piel, de 175 g/ 6 oz, cortadas en dirección contraria a la fibra en tiras de 1 cm/½ in de ancho

55 g/⅔ de taza de pan rallado panko bien desmenuzado

55 g/⅔ de taza de parmesano recién rallado

3 cucharadas de harina

¼ de cucharadita de levadura en polvo

¼ de cucharadita de pimentón dulce, o al gusto

aceite vegetal en aerosol

hortalizas cocidas, para acompañar

ADOBO

150 ml/⅓ de taza de suero de mantequilla

1 huevo un poco batido

sal y pimienta al gusto

1. Para preparar el adobo, mezcle el suero de mantequilla con el huevo en un bol y salpimiente. Incorpore el pollo, tape el bol y déjelo macerar en el frigorífico de 2 a 4 horas.

2. Precaliente el horno a 190 °C (375 °F) y forre 2 bandejas con papel vegetal. Mezcle el pan rallado con el queso, la harina, la levadura y el pimentón en un bol de boca ancha.

3. Saque un trozo de pollo del adobo y déjelo escurrir. Rebócelo con el pan rallado condimentado y póngalo en una de las dos bandejas. Repita la operación hasta rebozar todo el pollo. Pulverice cada porción con un poco de aceite.

4. Ase las tiras de pollo en el horno de 20 a 25 minutos, hasta que se doren bien. Realice un corte en medio de un trozo para comprobar que el pollo ya no está rosado. Sírvalo con hortalizas cocidas.

ALMUERZOS

ENSALADA CÉSAR CON POLLO

PARA: 4 PERSONAS

PREPARACIÓN:
20 MINUTOS

COCCIÓN:
20 MINUTOS

INGREDIENTES

3 cucharadas de aceite de girasol

2 rebanadas gruesas de pan en dados

2 pechugas de pollo, sin el hueso ni la piel, de 140 g/5 oz

2 cogollos pequeños de lechuga romana troceados

2 cucharadas de virutas de parmesano

sal y pimienta al gusto

ALIÑO

1 diente de ajo majado

2 filetes de anchoa en aceite escurridos y bien troceados

5 cucharadas/⅓ de taza de aceite de oliva

2 cucharadas de vinagre de vino blanco

2 cucharadas de mayonesa

2 cucharadas de parmesano recién rallado

sal y pimienta al gusto

1. Precaliente el horno a 200 °C (400 °F). Ponga 2 cucharadas del aceite en un bol, eche el pan y remuévalo para que se empape bien. Extiéndalo en la bandeja del horno, salpimiéntelo y tuéstelo en el horno precalentado 10 minutos, hasta que esté crujiente y dorado.

2. Mientras tanto, pinte las pechugas con el resto del aceite y salpimiéntelas. Áselas en una sartén de hierro fundido de 8 a 10 minutos por cada lado, hasta que estén tiernas y, al pincharlas en la parte más carnosa con la punta de un cuchillo afilado, salga un jugo transparente.

3. Para preparar el aliño, ponga todos los ingredientes en un cuenco y bátalos hasta que queden emulsionados.

4. Antes de que se enfríen, corte las pechugas en tiras y mézclelas con suavidad con la lechuga y los picatostes. Reparta la ensalada entre 4 boles y aliñela. Esparza el parmesano por encima y sírvala enseguida.

1

2

3

43

POLLO CON PASTA AL PESTO

PARA: 4 PERSONAS

PREPARACIÓN: 15 MINUTOS, MÁS ENFRIADO Y REFRIGERACIÓN

COCCIÓN: 20–25 MINUTOS

INGREDIENTES

4 contramuslos grandes de pollo

aceite de girasol o de oliva, para pintar

200 g/8 oz de espirales

200 g/2 tazas de judías verdes (chauchas, ejotes) en trocitos

300 g/1 taza de pesto, y un poco más si fuera necesario

2 tomates (jitomates) grandes en rodajas

sal y pimienta al gusto

hojas de albahaca, para adornar

1. Precaliente el gratinador a temperatura moderada-alta y coloque la rejilla a unos 7,5 cm (3 in) de la fuente de calor. Pinte los contramuslos con aceite y salpimiéntelos. Unte la rejilla con un poco de aceite y ase el pollo, con la piel hacia arriba, de 20 a 25 minutos o hasta que esté hecho y, al pincharlo en la parte más carnosa con la punta de un cuchillo afilado, salga un jugo transparente. Sáquelo del gratinador y resérvelo.

2. Mientras tanto, ponga a hervir una olla de agua con un poco de sal. Eche la pasta y, cuando el agua rompa de nuevo el hervor, prosiga con la cocción de 8 a 10 minutos, hasta que esté al dente. Eche las judías a la olla 5 minutos antes de finalizar la cocción.

3. Escurra la pasta y las judías, sacudiéndolas para eliminar toda el agua posible, y póngalas enseguida en una ensaladera. Añada el pesto y remueva hasta que la pasta y las judías se impregnen bien. Deje enfriar la ensalada.

¡GRAN IDEA!

Ideal para una reunión de amigos. Añádale unos tomates secados al sol para darle un toque dulzón o potencie los sabores con vinagre balsámico.

4. Cuando el pollo esté lo bastante frío para manipularlo, separe la carne de los huesos y la piel y córtela en trozos del tamaño de un bocado. Incorpórela a la ensalada y salpimiente. Deje enfriar del todo la ensalada, tápela y refrigérela hasta que vaya a servirla (tapada se conserva hasta 1 día en el frigorífico).

5. Saque la ensalada del frigorífico 10 minutos antes de servirla. Disponga las rodajas de tomate en una fuente de servicio. Remueva la ensalada y rectifique de pesto. Apile la ensalada de pollo y pasta sobre el tomate, adórnela con hojas de albahaca y sírvala enseguida.

CREMA DE POLLO

PARA: 4 PERSONAS

PREPARACIÓN: 15 MINUTOS, MÁS ENFRIADO

COCCIÓN: 40 MINUTOS

INGREDIENTES

25 g/3 cucharadas de mantequilla

4 chalotes (echalotes, escalonias) picados

1 puerro (poro) en rodajas

450 g/1 libra de pechugas de pollo, sin el hueso ni la piel, troceadas

600 ml/2½ tazas de caldo de pollo

1 cucharada de perejil picado

1 cucharada de tomillo fresco picado, y unas ramitas para adornar

175 ml/¾ de taza de nata (crema) extragrasa

sal y pimienta al gusto

1. Derrita la mantequilla a fuego medio en un cazo grande. Rehogue el chalote sin dejar de remover 3 minutos, hasta que empiecé a ablandarse.

2. Añada el puerro y siga rehogando 5 minutos más, removiendo.

3. Incorpore el pollo, el caldo y las hierbas y salpimiente. Llévelo a ebullición, baje el fuego y cueza la sopa 25 minutos, hasta que el pollo esté tierno y cocido. Para saber si el pollo está hecho, realice un corte en medio de un trozo para comprobar que ya no está rosado.

4. Aparte la sopa del calor y déjela enfriar unos 10 minutos. Tritúrela en el robot de cocina o la batidora hasta obtener un puré; si fuera necesario, realice esta operación por tandas.

5. Devuelva el puré al cazo enjuagado y caliéntelo a fuego lento 5 minutos.

6. Incorpore la nata extragrasa y déjelo cocer otros 2 minutos. Aparte la crema del fuego y repártala entre 4 cuencos precalentados. Adorne la crema con ramitas de tomillo y sírvala enseguida.

SOPA PICANTE DE POLLO CON FIDEOS

Si busca un plato rápido y completo, con esta sopa saludable y nutritiva dará en el clavo. El sabor dominante procede del miso, una pasta fermentada muy nutritiva que es la base de muchas sopas orientales.

PARA: 2 PERSONAS

PREPARACIÓN:
15 MINUTOS

COCCIÓN:
5–10 MINUTOS

INGREDIENTES

- 300 ml/1¼ tazas de caldo de pollo
- 250 ml/1 taza de agua hirviendo
- 1 cucharadita de pasta de miso
- 1 trozo de 2 cm/¾ in de jengibre pelado y bien rallado
- 1 guindilla (ají picante, chile) roja sin las pepitas (semillas) y en rodajitas
- 1 zanahoria pelada y en juliana
- 200 g/3 tazas de bok choy en juliana
- 150 g/6 oz de fideos de celofán cocidos
- 1 pechuga de pollo cocida desmenuzada
- salsa de soja oscura al gusto
- 4 cebolletas (cebollas tiernas o de verdeo) bien picadas
- 1 puñado de cilantro troceado, para adornar

1. Ponga el caldo y el agua hirviendo en una cazuela y llévelo a ebullición a fuego medio-fuerte. Añada el miso y hiérvalo un par de minutos.

2. Incorpore el jengibre, la guindilla, la zanahoria, el bok choy, los fideos y el pollo. Cueza la sopa 4 o 5 minutos más. Condiméntela con salsa de soja.

3. Reparta la cebolleta picada entre 2 cuencos precalentados y vierta la sopa encima. Adórnela con el cilantro troceado y sírvala enseguida.

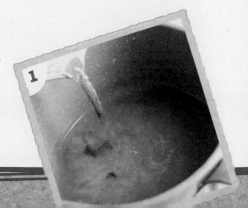

AL QUE NO QUIERE CALDO, TRES TAZAS

No hay nada como un buen caldo casero para enriquecer el sabor de sopas, salsas o guisos, por eso merece la pena invertir un poco de tiempo en hacerlo. Además, como puede congelarse, conviene preparar una buena cantidad e irlo descongelando a medida que se necesite.

CALDO DE POLLO

Hay dos variantes de caldo de pollo: el claro, que se hace con carcasas crudas, y el oscuro, con carcasas asadas. Esta receta corresponde al caldo oscuro, con el que se aprovecha la carcasa de un pollo asado.

Para 1 litro/4 tazas

la carcasa de un pollo asado
1,4 litros/6 tazas de agua
1 cebolla pelada y en rodajas
1 zanahoria pelada y en rodajas
1 rama de apio en rodajas
1 cucharadita de tomillo
1 hoja de laurel
3 ramitas de perejil
sal y pimienta al gusto

1. Trocee la carcasa y póngala en una olla con tapa de 3,5 litros (3 cuartos de galón) de capacidad. Añada el agua, las hortalizas y las hierbas aromáticas. Salpimiente y llévelo a ebullición a temperatura media. Vaya espumando el caldo a medida que sea necesario.

2. Tape la olla, baje el fuego y cueza el caldo de 1½ a 2 horas.

3. Apártelo del calor, déjelo enfriar un poco y cuélelo sobre un bol. Deseche los ingredientes que hayan quedado en el escurridor (incluidos los huesos, los restos de carne, las hortalizas y las hierbas).

4. Deje enfriar el caldo por completo y retire la grasa de la superficie con una espumadera. Si fuera necesario, hiérvalo (sin tapar) durante 30 minutos como máximo para reducirlo e intensificar su sabor. Tape el caldo una vez enfriado con film transparente,

refrigérelo y utilícelo en dos días como máximo.

Consejo
Este caldo se puede congelar. Una vez refrigerado, viértalo en un recipiente rígido con tapa hermética y congélelo tres meses como máximo. Descongélelo a temperatura ambiente o en el frigorífico y utilícelo como se indica en las recetas.

OTROS TIPOS DE CALDO
Si no puede prepararlo en casa, en el supermercado encontrará caldo en pastillas, granulado, en polvo, concentrado en líquido y fresco, así como bajo en sodio.

TORTILLA DE POLLO Y SETAS A LAS HIERBAS

Parte de la versatilidad del pollo se debe a que incluso las sobras están ricas, no hace falta que esté recién hecho. Aquí se añade a la tortilla, un plato rápido y saludable. Si va a hacer más de una, resérvelas calientes en el horno precalentado a 150 °C (300 °F) mientras prepara el resto.

PARA: 1 PERSONA

PREPARACIÓN: 10–15 MINUTOS

COCCIÓN: 12 MINUTOS

INGREDIENTES

15 g/1 cucharada de mantequilla

2 cucharadas de aceite de girasol

100 g/1½ tazas de champiñones oscuros en láminas

55 g/½ taza de pollo cocido, sin el hueso ni la piel, en lonchas (lonjas) finas

1 cucharada de hierbas aromáticas variadas picadas, como perifollo, cebollino (cebollín), perejil y tomillo, y un poco más de perejil para adornar

2 huevos

1 cucharada de leche o agua

sal y pimienta al gusto

1. Derrita la mantequilla con la mitad del aceite a fuego medio-fuerte en una sartén de 20 cm (8 in) de diámetro. Agregue los champiñones, salpimiéntelos y saltéelos de 5 a 8 minutos, hasta que reabsorban el líquido que suelten.

2. Añada el pollo y las hierbas y siga salteando para que se caliente el pollo. Rectifique la sazón. Resérvelo caliente en una fuente.

3. Ponga a calentar el resto del aceite en la sartén y hágala girar para que se extienda por la base y las paredes. Bata los huevos con la leche y salpimiente.

4. Cuando el aceite esté caliente, vierta el huevo en la sartén, inclinándola y girándola para que cubra toda la base. Baje el fuego a temperatura moderada-baja.

5. Cueza la tortilla de 5 a 10 segundos, hasta que cuaje por abajo. Disponga el pollo con champiñones reservado en la parte central y, con una espátula, doble la mitad de la tortilla sobre el relleno. Deslice la tortilla fuera de la sartén, adórnela con perejil y sírvala enseguida.

FOCACCIA RELLENA DE POLLO AHUMADO Y JAMÓN

PARA: 2-4 PERSONAS

PREPARACIÓN:
15 MINUTOS

COCCIÓN:
5 MINUTOS

INGREDIENTES

1 focaccia gruesa

1 puñado de hojas de albahaca

2 calabacines (zapallitos) pequeños rallados gruesos

6 lonchas (lonjas) muy finas de pollo ahumado

6 lonchas (lonjas) muy finas de jamón dulce

225 g/8 oz de queso taleggio en tiras

nuez moscada recién rallada (opcional)

tomates (jitomates) cherry y ensalada verde, para servir

1. Precaliente el gratinador del horno con la bandeja dentro. Abra la focaccia por la mitad y corte la parte superior en tiras a lo largo.

2. Esparza la albahaca sobre la parte inferior de la focaccia, extienda una capa uniforme de calabacín y, por último, añada el pollo y el jamón. Coloque las tiras de focaccia por encima del relleno y, entre estas, las de queso. Si lo desea, condiméntelo con un poco de nuez moscada.

3. Ponga la focaccia rellena en la bandeja precalentada y gratínela, lo más alejada posible de la fuente de calor, unos 5 minutos o hasta que el queso se derrita y la parte superior de la focaccia se dore. Córtela en 4 porciones y sírvala enseguida con tomates cherry y ensalada verde.

TACOS DE POLLO A LA LIMA

PARA: 12 UNIDADES   **PREPARACIÓN:** 15 MINUTOS, MÁS ADOBO   **COCCIÓN:** 20 MINUTOS

INGREDIENTES

4 contramuslos de pollo sin el hueso ni la piel (unos 300 g/10½ oz en total)

2 cucharadas de zumo (jugo) de lima (limón) recién exprimido

1 cucharada de aceite de girasol, y un poco más para engrasar

1 cucharadita de guindilla (ají picante, chile) o pimentón picante, o al gusto

1 cucharadita de comino y 1 de cilantro, molidos

sal y pimienta al gusto

ARROZ CON CILANTRO A LA LIMA

175 g/1 taza de arroz largo

la ralladura de 1 lima (limón)

2 cucharadas de cilantro bien picado

PARA ACOMPAÑAR

12 tortillas de maíz (elote) crujientes

lechuga en juliana y guacamole

salsa de tomate (jitomate) al estilo mexicano

cheddar bien rallado

1. Ponga el pollo en una fuente que no sea metálica y frótelo bien con el zumo de lima. Mezcle el aceite con la guindilla, el comino y el cilantro, y salpimiente. Frote el pollo con el condimento y déjelo macerar 2 horas.

2. Mientras tanto, cueza el arroz siguiendo las indicaciones del envase. Escúrralo bien y póngalo en un bol. Incorpórele la ralladura de lima, tápelo y resérvelo caliente mientras asa el pollo.

3. Caliente una plancha estriada de hierro fundido a fuego fuerte. Engrase las ondulaciones de la plancha y baje el fuego a temperatura moderada. Ase el pollo 4 minutos, pintándolo una vez con el adobo que no haya absorbido. Dele la vuelta y áselo otros 4 minutos, o hasta que esté hecho y al pinchar la parte más carnosa con la punta de un cuchillo afilado, salga un jugo transparente. Córtelo en tiras.

4. Incorpore el cilantro al arroz y rectifique la sazón.

5. Para montar los tacos, reparta el arroz entre las tortillas, calentadas según las indicaciones del envase, y añada el pollo. Esparza un poco de lechuga por encima y añada los acompañamientos que desee. Sirva los tacos enseguida.

POLLO PICANTE AL ESTILO MEXICANO

PARA: 4 PERSONAS **PREPARACIÓN:** 10 MINUTOS **COCCIÓN:** 1¼ HORAS

INGREDIENTES

6 contramuslos de pollo con el hueso pero sin la piel (unos 800 g/28 oz en total)

1 litro/4 tazas de agua

400 g/14½ oz de tomate (jitomate) troceado en conserva

2 hojas de laurel

2 guindillas (ajís picantes, chiles) encurtidas picadas

2 limas (limones) en rodajas

1 cebolla partida por la mitad

1 cucharada de orégano mexicano

2 cucharaditas de guindilla (ají picante, chile), 2 de cilantro y 2 de comino, molidos

300 g/1½ taza de arroz largo

sal y pimienta al gusto

PARA ACOMPAÑAR

cilantro picado

2 aguacates (paltas) pelados, sin el hueso, en dados y rociados con zumo (jugo) de lima (limón)

otros acompañamientos de su elección, como queso rallado, aceitunas negras sin hueso, nata (crema) agria y guindilla (ají picante, chile) picada

1. Ponga el pollo y el agua a hervir en una olla a fuego lento, espumando el caldo las veces que sea necesario. Cuando deje de formarse espuma, incorpore el tomate, el laurel, la guindilla encurtida, la lima, la cebolla, el orégano y la guindilla, el cilantro y el comino molidos, y salpimiente. Ajuste la temperatura para que el caldo apenas borbotee y déjelo cocer unos 60 minutos, hasta que se evapore y el pollo esté tierno. Si está hecho, al pinchar la parte más carnosa del contramuslo con la punta de un cuchillo afilado saldrá un jugo transparente.

2. Mientras tanto, cueza el arroz según las indicaciones del envase. Después, escúrralo bien y resérvelo caliente.

3. Saque el pollo de la olla con una espumadera y póngalo en un bol. Deshuéselo y desmenúcelo con dos tenedores. Rectifique la sazón.

4. Para servir, reparta el arroz entre 4 platos precalentados y añada el pollo desmenuzado. Adórnelo con cilantro picado y sírvalo con el resto de los acompañamientos.

FAJITAS DE POLLO

PARA: 4 PERSONAS

PREPARACIÓN: 15 MINUTOS, MÁS ADOBO

COCCIÓN: 12–15 MINUTOS

INGREDIENTES

3 cucharadas de aceite de oliva, y un poco más para rociar

3 cucharadas de jarabe de arce o miel y 1 de vinagre de vino tinto

2 dientes de ajo aplastados

2 cucharaditas de orégano

1-2 cucharaditas de copos de guindilla (chile) majados

4 pechugas de pollo sin el hueso ni la piel

2 pimientos (ajís) rojos sin las pepitas (semillas) y en tiras de 2,5 cm/1 in

sal y pimienta al gusto

tortillas de harina calentadas y lechuga en juliana, para servir

1. Ponga el aceite, el jarabe de arce, el vinagre, el ajo, el orégano y la guindilla en una fuente grande y baja. Salpimiente y mezcle bien.

2. Corte el pollo en dirección contraria a la fibra en filetes de 2,5 cm (1 in) de grosor. Póngalo en la fuente con el adobo y dele unas vueltas para que se impregne bien. Tápelo y refrigérelo 2 o 3 horas, dándole la vuelta de vez en cuando.

3. Escurra el pollo. Precaliente una plancha acanalada. Áselo a fuego medio-fuerte 3 o 4 minutos por cada lado, hasta que, al realizar un corte en medio de una pechuga, ya no esté rosada. Páselo a una fuente precalentada.

4. Ponga las tiras de pimiento en la parrilla, con el lado de la piel hacia abajo, y áselas 2 minutos por cada lado. Resérvelas en la fuente con el pollo.

5. Reparta el pollo y el pimiento entre las tortillas de harina, añada un poco de lechuga en juliana, envuélvalas y sírvalas enseguida.

POLLO CAJÚN

PARA: 2 PERSONAS

PREPARACIÓN:
10 MINUTOS

COCCIÓN:
25–30 MINUTOS

INGREDIENTES

4 muslos de pollo

4 contramuslos de pollo

2 mazorcas de maíz (elote, choclo) sin la farfolla

85 g/6 cucharadas de mantequilla derretida

aceite, para freír

MEZCLA DE ESPECIAS

2 cucharaditas de cebolla en polvo y 2 de pimentón dulce

1½ cucharaditas de sal

1 cucharadita de ajo en polvo

1 cucharadita de tomillo en polvo

½ cucharadita de cayena molida

1 cucharadita de pimienta negra molida

½ cucharadita de pimienta blanca molida

¼ de cucharadita de comino molido

1. Con un cuchillo afilado, realice dos o tres cortes al bies en los muslos y los contramuslos. Póngalos en una fuente grande. Añada las mazorcas.

2. Ponga todos los ingredientes de la mezcla de especias en un cuenco. Pinte el pollo y las mazorcas con la mantequilla derretida y espolvoréelos con las especias. Deles un par de vueltas para que se impregnen bien.

3. Caliente aceite a fuego medio-fuerte en una parrilla estriada grande y ase el pollo, dándole la vuelta de vez en cuando, 15 minutos. Añada las mazorcas y áselas junto al pollo, dándoles la vuelta, de 10 a 15 minutos o hasta que empiecen a chamuscarse por los bordes. Compruebe que el pollo está tierno y que suelta un jugo transparente al pinchar la parte más carnosa con la punta de un cuchillo afilado. Pase el pollo y las mazorcas a una fuente de servicio y sírvalo.

¡GRAN IDEA!

Este plato veraniego también queda delicioso a la brasa. Ponga el pollo y las mazorcas en una parrilla un poco engrasada y áselos como se indica arriba.

POLLO CON ANACARDOS

PARA: 6 PERSONAS

PREPARACIÓN: 20 MINUTOS, MÁS ADOBO Y REMOJO

COCCIÓN: 10–15 MINUTOS

INGREDIENTES

450 g/1 libra de pechugas de pollo sin el hueso ni la piel

3 setas (hongos) chinas secas, remojadas 20 minutos en agua templada

2 cucharadas de aceite vegetal

4 rodajas de jengibre

1 cucharadita de ajo majado

1 pimiento (ají) rojo sin semillas y en dados de 2,5 cm/1 in

1 cucharada de salsa de soja clara

85 g/¾ de taza de anacardos (castañas de cajú) tostados

ADOBO

2 cucharadas de salsa de soja clara y 1 de vino de arroz chino

1 pizca de azúcar

1. Corte el pollo en dados y póngalos en una fuente. Mezcle los ingredientes del adobo y viértalo sobre el pollo. Déjelo macerar al menos 20 minutos.

2. Estruje las setas para eliminar el exceso de agua, deseche los pies más duros y córtelas en láminas finas. Reserve el agua del remojo.

3. A continuación, caliente un wok a fuego fuerte y vierta 1 cucharada del aceite. Saltee el jengibre hasta que desprenda su aroma. Añada el pollo y saltéelo 2 minutos o hasta que se dore. Antes de que esté hecho del todo, retírelo y resérvelo.

4. Limpie el wok con papel de cocina. Vuelva a calentarlo a fuego fuerte y vierta el resto del aceite. Saltee el ajo 1 minuto. Incorpore las setas y el pimiento y saltee 2 minutos más. Vierta 2 cucharadas del agua de remojo de las setas y siga salteando otros 2 minutos, hasta que el líquido se evapore.

5. Devuelva el pollo al wok, añada la salsa de soja y los anacardos y saltéelo todo 2 minutos. Realice un corte en medio de un trozo de pollo para comprobar que ya no está rosado. Sírvalo enseguida.

3

4

5

HAMBURGUESAS PICANTES DE POLLO

PARA: 4 PERSONAS

PREPARACIÓN:
25 MINUTOS

COCCIÓN:
20-25 MINUTOS

INGREDIENTES

1 cucharadita de azúcar moreno

1 cucharadita de jengibre molido

½ cucharadita de pimienta de Jamaica molida

½ cucharadita de tomillo en polvo

½-1 cucharadita de cayena molida o guindilla (chile) verde picada

1 cucharada de zumo (jugo) de lima (limón)

2 dientes de ajo bien picados

½ cucharadita de sal y ½ de pimienta

450 g/1 libra de pollo picado

1 cucharada de aceite vegetal

1 pimiento (ají) rojo o amarillo sin las semillas y en trozos grandes

1 cucharadita de aceite de oliva y 1 de vinagre de vino tinto

4 panecillos de cebolla abiertos

hojas de lechuga

sal y pimienta al gusto

1. Mezcle el azúcar con el jengibre, la pimienta de Jamaica, el tomillo, la cayena, el zumo de lima, el ajo, la sal y la pimienta en un bol. Añada el pollo picado y mézclelo con suavidad. Divida el picadillo en 4 porciones iguales y deles forma de hamburguesa.

2. Precaliente una plancha estriada a fuego medio-fuerte y vierta el aceite vegetal. Ase el pimiento unos 5 minutos, dándole la vuelta a menudo, hasta que se chamusque. Póngalo en un bol, tápelo con film transparente o un plato y déjelo reposar unos 5 minutos. A continuación, pélelo y córtelo en tiras. Alíñelo con el aceite de oliva, el vinagre, sal y pimienta.

3. Ase las hamburguesas en la plancha, tapadas, unos 5 minutos por cada lado, hasta que estén doradas y hechas. Póngalas en los panecillos y añada la lechuga y las tiras de pimiento. Sírvalo enseguida.

¡GRAN IDEA! Si le parece que las hamburguesas aún pican poco, sírvalas acompañadas de guindillas encurtidas aparte o picadas dentro del bocadillo.

PIZZA DE POLLO AL PESTO

Con el pollo que haya sobrado del día anterior y unas bases de pizza obtendrá una comida rápida y fácil. Añádale los ingredientes que prefiera; sea como sea, seguro que triunfa.

PARA: 2 PIZZAS DE Ø 26 CM/10¹/₂ IN

PREPARACIÓN: 10 MINUTOS

COCCIÓN: 10–12 MINUTOS

INGREDIENTES

- 2 bases de pizza de 26 cm/ 10½ in de diámetro
- 8 cucharadas/½ -⅔ de taza de pesto envasado
- 175 g/1¼ tazas de pollo cocido en tiras
- 100 g/⅓ de taza de maíz (elote, choclo) en conserva escurrido
- 6 tomates (jitomates) cherry en rodajitas
- 250 g/8 oz de mozzarella escurrida y troceada
- sal y pimienta al gusto

1. Precaliente el horno a 220 °C (425 °F). Ponga las bases de pizza en un par de bandejas.

2. Reparta el pesto entre ambas bases hasta casi llegar al borde. Esparza el pollo, el maíz y el tomate por encima. Añada el queso y salpimiente.

3. Cueza las pizzas en el horno precalentado de 10 a 12 minutos, o hasta que el queso se derrita y se dore y las bases estén crujientes por abajo. Sírvalas enseguida.

CENAS

POLLO ASADO

PARA: 6 PERSONAS

PREPARACIÓN: 15 MINUTOS

COCCIÓN: 2 HORAS Y 10 MINUTOS, MÁS REPOSO

INGREDIENTES

1 pollo de 2,25 kg/5 libras

55 g/4 cucharadas de mantequilla ablandada

2 cucharadas de tomillo limonero fresco picado, y unas ramitas para adornar

1 limón cortado en cuartos

125 ml/½ taza de vino blanco, y un poco más si fuera necesario

sal y pimienta al gusto

1. Precaliente el horno a 220 °C (425 °F). Ponga el pollo en una fuente refractaria. Mezcle la mantequilla con el tomillo, sal y pimienta en un cuenco y embadurne el pollo con ella.

2. Rellene el pollo con los cuartos de limón. Rocíelo con el vino y áselo en el horno precalentado unos 15 minutos. Baje la temperatura a 190 °C (375 °F) y prosiga con la cocción, remojándolo a menudo con su jugo, 1¾ horas más.

3. Para saber si un pollo entero está hecho, pínchelo con un termómetro para carne y compruebe que está a 80 °C (180 °F). O bien clave la punta de un cuchillo afilado en la parte más carnosa de la pata, entre el muslo y el contramuslo; si suelta un jugo muy caliente y transparente, que ya no sea rosado, significa que está listo. Para asegurarse aún más, separe con suavidad la pata del cuerpo del pollo y compruebe que no quedan partes rosadas ni sanguinolentas. Pase el pollo asado a una fuente precalentada, tápelo con papel de aluminio y déjelo reposar 10 minutos.

4. Ponga la fuente del asado en la encimera y cueza el jugo a fuego lento hasta que se reduzca y se forme una salsa espesa y satinada. Salpimiéntela y resérvela.

5. Para trinchar el pollo, póngalo sobre la tabla de cocina limpia. Con unos cubiertos de trinchar, realice un corte entre las alas y el lado de la pechuga. Separe las alas y corte la pechuga en lonchas finas.

6. Corte las patas y estas, a su vez, por la articulación para separar los muslos de los contramuslos. Sirva el pollo asado con la salsa, adornado con ramitas de tomillo.

POLLO FRITO CON SALSA DE TOMATE Y PANCETA

Este plato exquisitamente suculento se presta a todo tipo de guarniciones. Pruébelo con pasta, hortalizas o una buena ración de pan para mojar en la deliciosa salsa.

PARA: 4 PERSONAS

PREPARACIÓN: 20 MINUTOS

COCCIÓN: 45 MINUTOS

INGREDIENTES

25 g/2 cucharadas de mantequilla y 2 cucharadas de aceite de oliva

4 pechugas u 8 contramuslos de pollo, sin el hueso ni la piel

SALSA DE TOMATE Y PANCETA

25 g/2 cucharadas de mantequilla y 2 cucharadas de aceite de oliva

1 cebolla grande, 2 dientes de ajo y 1 rama de apio, bien picados

115 g/4 lonchas (lonjas) de panceta (tocino) curada en dados

400 g/14½ oz de tomate (jitomate) troceado en conserva y 2 cucharadas de concentrado de tomate (jitomate)

azúcar moreno al gusto

100 ml/½ taza de agua

1 cucharada de albahaca picada

1 cucharada de perejil picado, y un poco más para adornar

sal y pimienta al gusto

1. En primer lugar, prepare la salsa. Derrita la mantequilla con el aceite en una cazuela. Rehogue la cebolla, el ajo, el apio y la panceta a fuego lento, removiendo de vez en cuando, 5 minutos o hasta que se ablanden. Incorpore el tomate, el concentrado, el azúcar y el agua, y salpimiente. Lleve la salsa a ebullición a temperatura moderada y, después, baje el fuego y cuézala, removiendo a menudo, de 15 a 20 minutos, hasta que se espese.

2. Mientras tanto, derrita la mantequilla con el aceite en una sartén grande. Fría el pollo a fuego medio-fuerte 4 o 5 minutos por cada lado, hasta que se dore de modo uniforme.

3. Incorpore la albahaca y el perejil a la salsa. Pase el pollo a la cazuela y nápelo con la salsa. Tápelo y cuézalo de 10 a 15 minutos. Compruebe que el pollo está tierno y que suelta un jugo transparente al pincharlo en la parte más carnosa con la punta de un cuchillo afilado. Adórnelo con perejil picado y sírvalo.

PECHUGAS DE POLLO RELLENAS DE MOZZARELLA

PARA: 4 PERSONAS

PREPARACIÓN:
15 MINUTOS

COCCIÓN:
15–20 MINUTOS

INGREDIENTES

4 pechugas de pollo sin el hueso ni la piel, de 175 g/6 oz

4 cucharaditas de pesto envasado

125 g/4 oz de mozzarella

4 lonchas (lonjas) finas de jamón curado

250 g/16 tomates (jitomates) cherry partidos por la mitad

75 ml/⅓ de taza de vino blanco seco o de caldo de pollo

1 cucharada de aceite de oliva

sal y pimienta al gusto

chapata, para acompañar

1. Precaliente el horno a 220 °C (425 °F). Ponga las pechugas en la tabla de cocina y hágales un corte profundo en el lado más largo para poder rellenarlas.

2. Ponga 1 cucharadita de pesto en cada hueco.

3. Corte el queso en cuatro partes iguales y encájelo bien en los huecos.

4. Envuelva cada pechuga con 1 loncha de jamón para sellar el relleno y compruebe que el doblez queda abajo.

5. Ponga las pechugas rellenas en una fuente refractaria baja y esparza los tomates alrededor.

6. Salpimiente y rocíe las pechugas primero con el vino y después con el aceite.

7. Áselas en el horno precalentado de 15 a 20 minutos, o hasta que estén hechas y, al pincharlas en la parte más carnosa con la punta de un cuchillo afilado, salga un jugo transparente.

8. Parta las pechugas por la mitad al bies, repártalas entre 4 platos precalentados con el tomate y rocíelas con el jugo de cocción. Sírvalas con chapata.

POLLO CON MANTEQUILLA DE GUINDILLA Y CILANTRO

PARA: 4 PERSONAS

PREPARACIÓN: 15 MINUTOS

COCCIÓN: 20 MINUTOS

INGREDIENTES

55 g/4 cucharadas de mantequilla ablandada

1 guindilla (ají picante, chile) fresca sin las pepitas (semillas) y picada

3 cucharadas de cilantro picado

4 pechugas de pollo, sin el hueso ni la piel, 175 g/6 oz

400 ml/1¾ tazas de leche de coco

350 ml/1½ tazas de caldo de pollo

200 g/1 taza de arroz largo

sal y pimienta al gusto

ENCURTIDOS

1 zanahoria

½ pepino

3 cebolletas (cebollas tiernas o de verdeo)

2 cucharadas de vinagre de arroz

1. Mezcle la mantequilla, la guindilla y el cilantro.

2. Haga un corte profundo en el lado más largo de las pechugas para poder rellenarlas.

3. Rellénelas con una cuarta parte de la mantequilla condimentada y póngalas cada una sobre un trozo cuadrado de papel vegetal de 30 cm (12 in) de lado.

4. Salpimiente las pechugas. Junte dos extremos opuestos del papel y dóblelos para cerrar el envoltorio. Retuerza bien los extremos.

5. Vierta la leche de coco y el caldo en una cazuela equipada con una vaporera. Llévelo a ebullición. Incorpore el arroz y una pizca de sal al caldo.

6. Coloque las pechugas en la vaporera y cuézalas de 15 a 18 minutos, removiendo el arroz una vez, hasta que el arroz esté tierno y, al pinchar la parte más carnosa de las pechugas con la punta de un cuchillo afilado, salga un jugo transparente.

7. Mientras tanto, limpie la zanahoria, el pepino y la cebolleta y córtelos en juliana. Rocíe las hortalizas con el vinagre de arroz.

8. Desenvuelva las pechugas, reservando el jugo, y córtelas por la mitad al bies. Sírvalas sobre el arroz, rocíelas con el jugo y adórnelas con los encurtidos.

POLLO CON FIDEOS RAMEN

PARA: 2 PERSONAS

PREPARACIÓN: 15 MINUTOS

COCCIÓN: 10 MINUTOS, APROX.

INGREDIENTES

400 g/1 libra de fideos ramen

1 cebolla en rodajas finas

200 g/2 tazas de brotes de soja

1 pimiento (ají) rojo sin las semillas y en rodajas

150 g/1 taza de pollo cocido en lonchas (lonjas)

12 gambas (camarones) cocidas y peladas

1 cucharada de aceite, para saltear, y 2 de salsa de soja japonesa

1½ cucharaditas de mirin, 1 de aceite de sésamo y 1 de semillas de sésamo

2 cebolletas (cebollas tiernas o de verdeo) en rodajitas

1. Cueza los fideos siguiendo las indicaciones del envase, escúrralos bien y resérvelos en un bol.

2. En otro bol, mezcle la cebolla con los brotes de soja, el pimiento, el pollo y las gambas. Incorpore los fideos. Mientras tanto, precaliente un wok a fuego fuerte, vierta el aceite y caliéntelo bien.

3. Saltee los fideos 4 minutos, o hasta que se doren. Agregue la salsa de soja, el mirin y el aceite de sésamo, y mézclelo todo bien.

4. Reparta los fideos entre 2 cuencos.

5. Esparza las semillas de sésamo y la cebolleta por encima y sírvalo.

¡GRAN IDEA!

Para ganar tiempo, y para los comensales vegetarianos, esta receta queda igual de bien si sustituye el pollo por hortalizas.

CURRY VERDE DE POLLO

Este curry queda delicioso con unos fideos orientales instantáneos. Solo tiene que incorporarlos al curry cuando el pollo esté hecho.

PARA: 4 PERSONAS

PREPARACIÓN: 10 MINUTOS

COCCIÓN: 15 MINUTOS

INGREDIENTES

2 cucharadas de aceite vegetal

4 cebolletas (cebollas tiernas o de verdeo) troceadas

2 cucharadas de pasta de curry verde

700 ml/3 tazas de leche de coco

1 pastilla de caldo de pollo

6 pechugas de pollo, sin el hueso ni la piel, en dados de 2,5 cm/1 in

1 buen puñado de cilantro picado

½ cucharadita de sal

arroz hervido, para acompañar

1. Caliente un wok a fuego medio-fuerte y vierta el aceite. Saltee la cebolleta 30 segundos, o hasta que empiece a ablandarse.

2. Añada la pasta de curry, la leche de coco y la pastilla de caldo, y llévelo a ebullición a fuego moderado, removiendo de vez en cuando.

3. Agregue el pollo, la mitad del cilantro y la sal y remueva bien. Baje el fuego y cuézalo a fuego lento de 8 a 10 minutos, o hasta que el pollo esté hecho. Para averiguar el punto de cocción, realice un corte en medio de un trozo de pollo y compruebe que ya no está rosado. Incorpore el cilantro restante. Sirva el curry enseguida con arroz recién hervido.

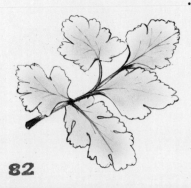

MÁS VALE PÁJARO EN MANO...

• En carnicerías y supermercados encontrará pollos preparados para asar al horno atados con bramante. Compruebe la fecha de consumo preferente en la etiqueta y elija un ejemplar rollizo (ya sea entero o troceado), con la piel rosada clara o amarilla dorada (según la variedad; por ejemplo, las aves alimentadas con maíz tienen la piel y la carne amarillentas) y que no presente partes resecas, magulladuras ni manchas.

• Tape el pollo holgadamente con film transparente o papel de aluminio, refrigérelo en una fuente baja y consúmalo en dos días como máximo (o antes de la fecha indicada en el envase). Si compra el pollo entero con los menudillos, refrigérelos en un recipiente aparte y consúmalos en un día como máximo (o deséchelos si no va a aprovecharlos). Consuma los higadillos de pollo y el pollo picado 24 horas como máximo después de su compra.

• Guarde el pollo crudo en una repisa baja de la parte más fría del frigorífico para que el jugo no caiga sobre otros alimentos y los contamine. Recuerde que el pollo crudo debe guardarse por separado del cocido.

• Congele el pollo el mismo día de la compra. Si está crudo, congélelo tres meses como máximo (dos meses si está cocido). Deje descongelar el pollo en el frigorífico durante toda la noche (en una fuente para recoger el jugo que suelte), y cuézalo lo antes posible en un plazo máximo de 24 horas. Una vez descongelado, no vuelva a congelarlo; en cambio, una vez cocinado puede volver a meterlo en el congelador.

• Conserve, manipule y cueza el pollo correctamente, ya que si estuviera crudo o poco hecho podría contener bacterias perjudiciales, como salmonellas. Lávese bien las manos antes y después de manipular pollo crudo o cocido, y limpie a fondo la encimera y los utensilios con agua caliente y jabón. Desinfecte las superficies de trabajo, preferiblemente con un detergente suave o antibacteriano, y utilice tablas y utensilios distintos para el pollo crudo y el cocido.

• Antes de servir el pollo, compruebe que está completamente hecho: muy caliente y sin trazas de carne rosada al cortar la parte más gruesa de la carne. Si asa un pollo entero, estará listo cuando al pinchar la parte más gruesa de la carne (la parte interna del contramuslo, cerca de la pechuga) con un termómetro de carne, sin tocar el hueso, marque 80 °C (180 °F), o bien cuando al pincharla con la punta de un cuchillo afilado, salga un líquido claro. Si el líquido fuera rosado o sanguinolento, prosiga con la cocción hasta que salga transparente.

• Refrigere el pollo cocido que sobre en un recipiente tapado o hermético y consúmalo en un par de días como mucho. Si recalienta el pollo, antes de servirlo compruebe que está muy caliente.

PASTELES DE POLLO INDIVIDUALES

PARA: 6 PERSONAS   **PREPARACIÓN:** 25 MINUTOS   **COCCIÓN:** 1 HORA Y 20 MINUTOS, MÁS REPOSO

INGREDIENTES

1 cucharada de aceite de oliva

225 g/4 tazas de champiñones en láminas

1 cebolla bien picada

350 g/6 zanahorias y 2 ramas de apio, en rodajas

1 litro/4 tazas de caldo de pollo frío

85 g/6 cucharadas de mantequilla

55 g/⅓ de taza de harina, y un poco más para espolvorear

900 g/2 libras de pechugas de pollo, sin el hueso ni la piel, en dados de 2,5 cm/1 in

115 g/¾ de taza de guisantes (arvejas) congelados

1 cucharadita de tomillo fresco picado

675 g/1½ libras de masa quebrada envasada, descongelada si fuera necesario

1 huevo un poco batido

sal y pimienta al gusto

1. Precaliente el horno a 200 °C (400 °F). Caliente el aceite en una cazuela. Rehogue los champiñones y la cebolla a fuego medio, removiendo a menudo, 8 minutos o hasta que se doren.

2. Añada la zanahoria, el apio y la mitad del caldo y llévelo a ebullición. Baje el fuego y cuézalo de 12 a 15 minutos, hasta que las hortalizas estén casi tiernas.

3. Mientras tanto, derrita la mantequilla a fuego medio en un cazo. Incorpore la harina con las varillas y rehóguela, removiendo, 4 minutos.

4. Sin dejar de batir, incorpore el resto del caldo. Baje el fuego a medio-lento y cueza la salsa, removiendo, hasta que se espese. Incorpórela a las hortalizas junto con el pollo, los guisantes y el tomillo.

5. Cuézalo a fuego lento, sin dejar de remover, 5 minutos. Rectifique la sazón. Reparta el relleno entre 6 moldes individuales de cerámica grandes.

6. Extienda la masa en la encimera espolvoreada con harina y recórtela en 6 redondeles 2,5 cm (1 in) más grandes que el diámetro de los moldes.

7. Tape los moldes con la masa y pellízquela por los bordes. Realice un pequeño corte en forma de cruz en el centro de cada redondel.

8. Ponga los moldes en la bandeja del horno y pinte la masa con huevo batido. Cueza los pasteles de pollo en el horno precalentado de 35 a 40 minutos, hasta que se doren y borboteen. Déjelos reposar 15 minutos antes de servirlos.

POLLO A LA CAZUELA

Como la mayoría de los guisos, este plato está igual de rico recién hecho que al día siguiente. Si lo recalienta, deles primero un hervor a las hortalizas y, después, vuelva a añadir el pollo y baje el fuego para que no se haga demasiado.

PARA: 4 PERSONAS

PREPARACIÓN:
10 MINUTOS

COCCIÓN:
50 MINUTOS

INGREDIENTES

4 muslos y contramuslos de pollo, de 350 g/12 oz

2 cucharadas de aceite de oliva

2 pimientos (ajís) rojos sin las semillas y en rodajas finas

1 calabacín (zapallito) grande partido por la mitad a lo largo y después en rodajitas

1 cebolla grande bien picada

1 bulbo de hinojo en rodajas gruesas a lo largo

800 g/28 oz de tomate (jitomate) troceado en conserva

1 cucharada de eneldo

1 cucharada de vinagre (aceto) balsámico

1 pizca de azúcar moreno

sal y pimienta al gusto

pan, para acompañar

1. Precaliente el horno a 190 °C (375 °F). Si lo desea, separe los muslos de los contramuslos.

2. Caliente el aceite en una sartén. Rehogue el pollo, por tandas si fuera necesario, de 5 a 7 minutos, o hasta que se dore bien. Sáquelo con una espumadera y resérvelo caliente.

3. Reserve 2 cucharada del aceite de la sartén y deseche el resto. Rehogue el pimiento, el calabacín, la cebolla y el hinojo, removiendo, de 3 a 5 minutos, hasta que la cebolla esté tierna. Incorpore el tomate, el eneldo, el vinagre y el azúcar, y salpimiente.

4. Llévelo a ebullición sin dejar de remover. Ponga el pollo en una fuente refractaria y reparta las hortalizas por encima. Tápelo bien apretado con papel de aluminio, con la cara satinada hacia arriba.

5. Áselo en el horno precalentado de 30 a 35 minutos, hasta que el pollo esté hecho y, al pincharlo en la parte más carnosa con la punta de un cuchillo afilado, salga un jugo transparente. Sírvalo con pan.

PECHUGAS RELLENAS DE CHEDDAR Y MANZANA

PARA: 4 PERSONAS

PREPARACIÓN: 15 MINUTOS

COCCIÓN: 25–30 MINUTOS, MÁS REPOSO

INGREDIENTES

4 pechugas de pollo gruesas, sin el hueso ni la piel, de 200 g/7 oz

1 cucharada de aceite de girasol, y un poco más para engrasar y pintar

1 cebolla pequeña bien picada

1 rama de apio bien picada

¼ de cucharadita de salvia seca

1 manzana de mesa de unos 150 g/5½ oz sin el corazón y en dados

85 g/¾ de taza de cheddar rallado

2 cucharadas de perejil bien picado, y un poco más para adornar

6 lonchas (lonjas) de jamón curado

sal y pimienta al gusto

hortalizas hervidas, para acompañar

1. Precaliente el horno a 190 °C (375 °F) y engrase un poco una fuente refractaria pequeña.

2. Ponga 1 pechuga de pollo en la tabla de cocina con la parte redondeada hacia arriba. Con un cuchillo pequeño afilado, realice un corte a lo largo de la pechuga, lo más profundo posible pero sin cortarla por el otro lado. Repita la operación con las otras pechugas.

3. Para preparar el relleno, caliente el aceite en una sartén y sofría la cebolla, el apio y la salvia de 3 a 5 minutos, hasta que estén tiernos. Incorpore la manzana y sofría 2 minutos más, hasta que esté tierna pero no deshecha. Añada el queso y el perejil, salpimiente y remueva.

4. Reparta el relleno entre los huecos de las pechugas. Envuélvalas con 1½ lonchas de jamón cada una y píntelas con aceite por arriba.

5. Páselas a la fuente y áselas en el horno precalentado de 20 a 25 minutos, hasta que estén hechas y, al pincharlas en la parte más carnosa con la punta de un cuchillo afilado, salga un jugo transparente. Saque las pechugas rellenas del horno, tápelas con papel de aluminio y déjelas reposar de 3 a 5 minutos antes de servirlas con hortalizas hervidas.

2

3

4

91

POLLO PICANTE A LA CAZUELA

PARA: 6 PERSONAS

PREPARACIÓN:
10 MINUTOS

COCCIÓN: 1¹/₂ HORAS,
APROX.

INGREDIENTES

1,8 kg/4 libras de pollo troceado

2 cucharadas de pimentón dulce y 2 de aceite de oliva

25 g/2 cucharadas de mantequilla y 450 g/3 cebollas picadas

2 pimientos (ajís) amarillos sin las semillas y picados

400 g/14½ oz de tomate (jitomate) troceado en conserva

225 ml/1 taza de vino blanco seco y 450 ml/2 tazas de caldo de pollo

1 cucharada de salsa Worcestershire

½ cucharadita de tabasco

1 cucharada de perejil picado, y un poco más para adornar

325 g/11 oz de maíz (elote) en conserva y 425 g/15 oz de judiones cocidos, escurridos

2 cucharadas de harina

4 cucharadas/¼ de taza de agua, sal

1. Sale el pollo generosamente y espolvoréelo con el pimentón.

2. Caliente el aceite y la mantequilla en una cazuela de hierro fundido. Rehogue el pollo a fuego medio, dándole la vuelta, de 10 a 15 minutos, o hasta que se dore por todos los lados. Sáquelo con una espumadera y resérvelo en una fuente.

3. Rehogue la cebolla y el pimiento a fuego lento en la cazuela, removiendo, 5 minutos o hasta que se ablanden. Añada el tomate, el vino, el caldo, la salsa Worcestershire, el tabasco y el perejil y llévelo a ebullición sin dejar de remover. Devuelva el pollo a la cazuela, tápelo y déjelo a fuego lento, removiendo de vez en cuando, 30 minutos.

4. Incorpore el maíz y los judiones al guiso, tape la cazuela a medias y prosiga con la cocción unos 30 minutos más, o hasta que el pollo esté tierno y, al pincharlo en la parte más carnosa con la punta de un cuchillo afilado, salga un jugo transparente.

5. En un cuenco, diluya la harina en el agua. Vierta 1 cucharón del líquido de cocción caliente en la pasta de harina y, después, incorpórelo todo al guiso. Prosiga con la cocción, removiendo a menudo, 5 minutos más. Adórnelo con perejil picado y sírvalo.

POLLO AL ESTILO DE KIEV

Todo un clásico que, al contrario de lo que pudiera parecer, es muy fácil de preparar. La mantequilla de ajo mantiene el pollo deliciosamente jugoso y el pan rallado le aporta un delicioso punto crujiente.

PARA: 8 PERSONAS

PREPARACIÓN: 15 MINUTOS, MÁS REFRIGERACIÓN

COCCIÓN: 30 MINUTOS, APROX.

INGREDIENTES

115 g/1 barra de mantequilla ablandada

3-4 dientes de ajo picados

1 cucharada de perejil picado

1 cucharada de cebollino (cebollín) picado

el zumo (jugo) y la ralladura fina de ½ limón

8 pechugas de pollo, sin el hueso ni la piel, de 115 g/4 oz

55 g/⅓ de taza de harina

2 huevos un poco batidos

175 g/2 tazas de pan rallado

aceite vegetal, para freír

sal y pimienta al gusto

hortalizas hervidas, para acompañar

1. Bata la mantequilla en un cuenco con el ajo, las hierbas y el zumo y la ralladura de limón. Salpimiéntela. Divídala en ocho trozos y deles forma cilíndrica. Envuélvalos con papel de aluminio y refrigérelos hasta que adquieran consistencia.

2. Ponga cada pechuga entre dos trozos de film transparente. Aplánelas con una maza o rodillo hasta que tengan un grosor uniforme. Ponga una porción de mantequilla condimentada en medio de cada pechuga y enróllelas. Ciérrelas con palillos.

3. Ponga la harina, el huevo y el pan rallado en tres platos llanos distintos. Pase las pechugas rellenas primero por la harina, luego por el huevo y, por último, por el pan rallado. Refrigérelas 1 hora.

4. Caliente aceite abundante en una sartén grande o en la freidora a 180-190 °C (350-375 °F), o hasta que un dado de pan se dore en 30 segundos. Fría las pechugas empanadas, por tandas, de 8 a 10 minutos, o hasta que estén bien hechas y doradas. Déjelas escurrir sobre papel de cocina. Sírvalas enseguida con hortalizas hervidas.

PECHUGAS ESTOFADAS CON HORTALIZAS TIERNAS

Lo mejor de este plato es que se prepara en una misma cazuela, lo que ahorra tiempo y trabajo a la hora de limpiar. Una magnífica alternativa al pollo asado del domingo.

PARA: 4 PERSONAS

PREPARACIÓN:
10 MINUTOS

COCCIÓN:
30 MINUTOS

INGREDIENTES

4 pechugas de pollo sin la piel

15 g/1 cucharada de mantequilla y 1 cucharada de aceite de oliva

8 chalotes (echalotes)

250 ml/1 taza de caldo de pollo

12 zanahorias y 8 nabos, tiernos

2 hojas de laurel

140 g/1 taza de guisantes (arvejas) frescos o congelados

sal y pimienta al gusto

patatas (papas) nuevas hervidas, para acompañar

1. Realice una serie de cortes profundos en las pechugas y salpimiéntelas.

2. Caliente la mantequilla con el aceite en una cazuela ancha o de hierro fundido. Rehogue las pechugas con los chalotes, dándoles la vuelta, 3 o 4 minutos, hasta que se doren.

3. Vierta el caldo, llévelo a ebullición y, después, añada las zanahorias, los nabos y el laurel. Baje el fuego y cuézalo, tapado, 20 minutos.

4. Incorpore los guisantes y prosiga con la cocción 5 minutos más. Compruebe que las pechugas y las hortalizas están tiernas y que el pollo suelta un jugo transparente al pinchar la parte más carnosa con la punta de un cuchillo afilado.

5. Rectifique la sazón, deseche el laurel y sírvalo con patatas hervidas.

MACARRONES CON POLLO A LA CREMA

PARA: 2 PERSONAS

PREPARACIÓN:
5 MINUTOS

COCCIÓN:
20 MINUTOS, APROX.

INGREDIENTES

200 g/8 oz de macarrones

1 cucharada de aceite de oliva

2 pechugas de pollo sin el hueso ni la piel

4 cucharadas/¼ de taza de vino blanco seco

115 g/¾ de taza de guisantes (arvejas, chícharos) congelados

5 cucharadas/⅓ de taza de nata (crema) extragrasa

sal al gusto

4-5 cucharadas/¼ -⅓ de taza de perejil picado, para adornar

1. Ponga a hervir una cazuela de agua con un poco de sal. Eche la pasta y, cuando el agua rompa de nuevo el hervor, prosiga con la cocción de 8 a 10 minutos, hasta que esté al dente.

2. Mientras tanto, caliente el aceite en una sartén. Rehogue las pechugas de pollo a fuego medio unos 4 minutos por cada lado.

3. Riéguelas con el vino y prosiga con la cocción a fuego fuerte hasta que se evapore casi del todo.

4. Escurra la pasta. Eche los guisantes, la nata y la pasta en la sartén y remueva bien. Tápelo y cuézalo a fuego lento 2 minutos. Compruebe que el pollo está tierno y que suelta un jugo transparente al pincharlo en la parte más carnosa con la punta de un cuchillo afilado.

5. Adórnelo con el perejil picado y sírvalo enseguida.

¡GRAN IDEA!

Para una versión más saludable, sustituya la nata extragrasa por nata agria baja en grasa. Si no le importan las calorías, adorne el plato con parmesano.

CELEBRACIONES

RISOTTO DE POLLO AL AZAFRÁN

PARA: 4 PERSONAS

PREPARACIÓN:
5 MINUTOS

COCCIÓN:
45 MINUTOS, APROX.

INGREDIENTES

125 g/1 barra de mantequilla

900 g/2 libras de pechugas de pollo, sin el hueso ni la piel, en filetes finos

1 cebolla grande picada

500 g/2⅔ tazas de arroz arborio

150 ml/⅔ de taza de vino blanco

1 cucharadita de hebras de azafrán desmenuzadas

1,3 litros/5½ tazas de caldo de pollo caliente

55 g/⅔ de taza de parmesano rallado

sal y pimienta al gusto

1. Caliente 4 cucharadas de la mantequilla en una cazuela honda. Rehogue el pollo y la cebolla, removiendo a menudo, 8 minutos o hasta que se doren bien y estén hechos. Para saber si el pollo está hecho, realice un corte en medio de un trozo para comprobar que ya no está rosado.

2. Eche el arroz y remueva para que se impregne bien de la mantequilla. Siga removiéndolo de 2 a 3 minutos, hasta que los granos estén translúcidos.

3. Vierta el vino y remueva 1 minuto más, hasta que se reduzca.

4. Mezcle el azafrán con 4 cucharadas (¼ de taza) del caldo caliente. Añádalo a la olla y prosiga con la cocción, sin dejar de remover, hasta que el arroz lo haya absorbido.

5. Incorpore ahora el caldo restante a cucharones. Remueva sin parar y vaya añadiendo más caldo a medida que el arroz lo absorba. Cuézalo durante 20 minutos, sin dejar de remover, hasta que no quede líquido y el arroz esté cremoso.

6. Aparte la cazuela del fuego y añada el resto de la mantequilla. Mézclelo bien, añada el parmesano y remueva hasta que se derrita. Salpimiente el arroz. Repártalo entre 4 platos precalentados y sírvalo enseguida.

POLLO A LA PARMESANA

PARA: 4 PERSONAS

PREPARACIÓN:
15 MINUTOS

COCCIÓN:
1 HORA, APROX.

INGREDIENTES

100 g/¾ de taza de harina

2 huevos

200 g/2 tazas de pan rallado

4 pechugas de pollo, sin el hueso ni la piel, de 250 g/9 oz

2 cucharadas de aceite de oliva, y un poco más si fuera necesario

250 g/8 oz de mozzarella en rodajas

125 g/1½ tazas de parmesano rallado

perejil picado, para adornar

SALSA MARINARA SENCILLA

2 cucharadas de aceite de oliva

1 cebolla grande picada

2 dientes grandes de ajo picados

1 cucharada de hierbas aromáticas secas variadas

800 g/28 oz de tomate (jitomate) troceado en conserva

250 ml/1 taza de tomate (jitomate) concentrado o salsa de tomate (jitomate)

2 cucharaditas de orégano y 1 pizca de azúcar

sal y pimienta al gusto

1. Para preparar la salsa, caliente el aceite en una cazuela. Sofría la cebolla, removiendo, 2 minutos. Añada el ajo y sofríalo hasta que se ablande. Incorpore las hierbas, el tomate, el concentrado, el orégano y el azúcar, y salpimiente. Llévelo a ebullición, tape la cazuela y déjelo cocer a fuego lento 15 minutos. Triture la salsa en la batidora o el robot de cocina.

2. Mientras tanto, precaliente el horno a 200 ° C (400 °F). Ponga la harina en un plato llano. Bata los huevos en un bol de boca ancha y ponga el pan rallado en otro plato llano. Parta las pechugas por la mitad en horizontal.

3. Disponga las pechugas entre dos trozos de film transparente y aplánelas con una maza o un rodillo hasta que tengan unos 5 mm (¼ in) de grosor. Salpimiéntelas por ambos lados. Reboce 1 pechuga con harina, sacúdala para que la que no se haya adherido caiga de nuevo en el plato, y pásela por el huevo batido. Rebócela con el pan rallado, resérvela y repita la operación con el resto de pechugas.

4. Caliente el aceite a fuego medio-fuerte en una sartén. Fría las pechugas empanadas que quepan en la sartén por ambos lados 2 minutos, o hasta que se doren, estén hechas y al cortarlas no estén rosadas. Fría el resto de las pechugas, añadiendo más aceite si fuera necesario.

5. Vierta la mitad de la salsa en una fuente refractaria en la que las pechugas quepan en una sola capa. Añada las pechugas y nápelas con el resto de la salsa. Disponga la mozzarella encima y esparza el parmesano. Cuézalo en el horno precalentado de 20 a 25 minutos, o hasta que el queso se derrita, se dore y borbotee. Déjelo reposar 5 minutos y, después, adórnelo con perejil picado. Sírvalo enseguida.

CANELONES DE POLLO Y SETAS

PARA: 4 PERSONAS

PREPARACIÓN: 20 MINUTOS

COCCIÓN: 1 HORA Y 50 MINUTOS

INGREDIENTES

mantequilla, para engrasar

2 cucharadas de aceite de oliva

2 dientes de ajo majados

1 cebolla grande bien picada

225 g/8 oz de setas (hongos) silvestres en láminas

350 g/12 oz de pollo recién picado

115 g/4 oz de jamón serrano en dados

150 ml/⅔ de taza de vino tinto

200 g/¾ de taza de tomate (jitomate) troceado en conserva

1 cucharada de hojas de albahaca recién desmenuzadas

2 cucharadas de concentrado de tomate (jitomate)

10-12 tubos de canelones

600 ml/2½ tazas de bechamel

85 g/1 taza de parmesano recién rallado

sal y pimienta al gusto

1. Precaliente el horno a 190 °C (375 °F). Engrase un poco una fuente refractaria grande. Caliente el aceite en una sartén de base gruesa. Rehogue el ajo, la cebolla y las setas a fuego lento, removiendo a menudo, de 8 a 10 minutos. Añada el pollo y el jamón y siga rehogando, removiendo, 12 minutos o hasta que se doren. Incorpore el vino, el tomate, la albahaca y el concentrado, y prosiga con la cocción 4 minutos. Salpimiente, tape la sartén y cuézalo a fuego lento 30 minutos. Destápelo, remueva y déjelo en el fuego 15 minutos más.

2. Mientras tanto, ponga a hervir una olla de agua con un poco de sal. Eche los canelones y, cuando el agua rompa de nuevo el hervor, prosiga con la cocción de 8 a 10 minutos, hasta que estén al dente. Retírelos con una espumadera, póngalos en un plato y séquelos con papel de cocina.

3. Con una cucharilla, introduzca el relleno en los canelones. Páselos a la fuente ya engrasada. Nápelos con la bechamel de modo que quede bien repartida y esparza el parmesano por encima.

4. Cueza los canelones en el horno precalentado 30 minutos, o hasta que se doren y borboteen. Sírvalos enseguida.

POLLO ASADO CON LIMÓN Y MIEL

PARA: 4 PERSONAS

PREPARACIÓN: 10 MINUTOS, MÁS ADOBO

COCCIÓN: 45–55 MINUTOS

INGREDIENTES

2 cucharadas de miel

1 cucharada de zumo (jugo) de limón recién exprimido

¼ de cucharadita de pimentón dulce o picante

1 pollo de 1,5 kg/3¼ libras abierto

aceite de girasol, para engrasar

sal y pimienta al gusto

perejil bien picado y ralladura de limón bien fina, para adornar

1. Mezcle la miel con el zumo y el pimentón en un bol de boca ancha que no sea metálico y en el que quepa el pollo plano. Salpimiente.

2. Ponga el pollo en el bol y dele varias vueltas para que se impregne bien del adobo. Déjelo macerar 30 minutos a temperatura ambiente.

3. Mientras tanto, precaliente el horno a 190 °C (375 °F). Engrase una rejilla y póngala en una fuente refractaria en la que el pollo quepa plano.

4. Cuando el pollo esté macerado, engrase dos brochetas metálicas. Póngalo en la tabla de cocina y atraviéselo en «X» con las dos brochetas.

5. Páselo a la rejilla, con la piel hacia arriba, y píntelo con el adobo. Áselo en el horno precalentado de 45 a 55 minutos, pintándolo con el adobo dos veces, hasta que al pincharlo con un termómetro de carne marque 80 °C (180 °F), o hasta que la piel se dore y al pinchar la parte más carnosa con un cuchillo, salga un jugo transparente.

6. Saque el pollo del horno, tápelo con papel de aluminio y déjelo reposar 5 minutos. Espume el jugo de la fuente con una cuchara metálica. Trinche el pollo, rocíelo con el jugo y adórnelo con perejil picado y ralladura de limón.

¿UN POCO DE SALSA?

El pollo, ya sea entero o troceado, puede adobarse para que quede más tierno, sabroso y jugoso. También puede aderezarse con hierbas y especias antes de cocinarlo, o bien prepararlo o acompañarlo con distintas salsas. En este apartado encontrará recetas sencillas y rápidas para preparar una marinada, un aderezo y una salsa para condimentar el pollo.

Cuando lo ase entero, puede dar sabor a la carne con uno de estos sencillos métodos antes de meterlo en el horno:

• Rellénelo con un limón o una naranja pequeña (pinchados un par de veces), una cebolla pelada o unas ramitas de hierbas aromáticas frescas y unos dientes de ajo pelados.

• Introduzca con cuidado unas rodajas de cítricos (preferiblemente limón o naranja) o unas ramitas de hierbas aromáticas frescas (tomillo, romero o mejorana) bajo la piel que cubre la pechuga.

• Extienda bien mantequilla condimentada (de ajo o hierbas) bajo la piel que cubre la pechuga.

• Píntelo por fuera con aceite y sazónelo con especias molidas o hierbas aromáticas secas para darle sabor y color.

ADOBO A LA BARBACOA

Este sabroso adobo crea una cobertura exquisitamente pegajosa que le va muy bien al pollo.

Para 500 g/1 libra de pollo troceado

55 g/¼ de taza de azúcar moreno
5 cucharadas/⅓ de taza de confitura de ciruela
2 cucharadas de concentrado de tomate (jitomate)
2 cucharadas de vinagre de vino blanco
1 cucharada de mostaza a la antigua

1. Caliente todos los ingredientes a fuego lento en un cazo, removiendo hasta obtener una textura homogénea. Apártelo del calor y deje que se enfríe.

2. Con un cuchillo afilado, realice unos cortes profundos en los trozos de pollo. Póngalos en una fuente llana que no sea metálica o métalos en una bolsa de plástico.

3. Vierta la marinada enfriada sobre el pollo y dele varias vueltas para que se impregne bien. Tape la fuente o cierre la bolsa herméticamente y refrigere el pollo, dándole la vuelta de vez en cuando, 1 hora como mínimo o, si es posible, toda la noche.

Consejos

• Sustituya la confitura de ciruela por otras variedades de confitura o mermelada, por ejemplo, de albaricoque.

• No condimente el pollo asado con los ingredientes en los que se ha marinado crudo ni lo pinte con ellos durante la cocción, y menos aún hacia el final.

ADEREZO DE ESPECIAS CAJÚN

Frote los trozos de pollo con este sabroso aderezo antes de asarlos.

Para 4 cucharadas/¼ de taza

1 cucharada de pimienta negra en grano machacada
2 cucharaditas de pimentón dulce
2 cucharaditas de ajo molido o majado
2 cucharaditas de sal
1 cucharadita de tomillo
1 cucharadita de orégano
1 cucharadita de mostaza molida
½ cucharadita de cayena molida

1. Mezcle bien todos los ingredientes en un cuenco.

2. Frote el pollo con el aderezo antes de asarlo si dispone de poco tiempo o, si es posible, varias horas antes.

3. Póngalo en una fuente poco honda, tápelo bien y refrigérelo hasta que vaya a asarlo.

SALSA SATAY

La salsa satay es un delicioso condimento para el pollo a la plancha o la barbacoa, ya sea troceado o en brochetas.

Para unos 225 ml/1 taza

4 cebolletas (cebollas tiernas o de verdeo) y 1 diente de ajo, troceados
2 cucharaditas de jengibre picado
6 cucharadas/⅓ de taza de crema de cacahuete (maní)
1 cucharadita de azúcar moreno y 1 de salsa de pescado tailandesa
2 cucharadas de salsa de soja y 1 de salsa de guindilla o tabasco
1 cucharadita de zumo de limón
sal al gusto
cacahuetes (manís), para adornar

1. Ponga todos los ingredientes excepto los cacahuetes en el robot de cocina. Añada 150 ml (⅔ de taza) de agua y tritúrelo hasta obtener una consistencia homogénea.

2. Pase la salsa a un cazo, sálela y caliéntela a fuego lento, removiendo de vez en cuando. Póngala en una salsera y adórnela con cacahuetes. Sírvala templada o fría.

ARROZ CON POLLO, JAMÓN Y ACEITUNAS

PREPARACIÓN: 10 MINUTOS

COCCIÓN: 1 HORA Y 20 MINUTOS

INGREDIENTES

2 cucharadas de harina

1 pollo de 1,3 kg/3 libras en 8 trozos

3 cucharadas de aceite de oliva

1 cebolla en rodajas gruesas

2 pimientos (ajís) rojos o amarillos sin las pepitas (semillas)y en tiras gruesas

2 dientes de ajo

150 g/6 oz de chorizo en rodajas de 1 cm/½ in de grosor

1 cucharada de concentrado de tomate (jitomate)

200 g/1 taza de arroz largo

450 ml/2 tazas de caldo de pollo

1 cucharadita de copos de guindilla (ají picante, chile) majados

½ cucharadita de tomillo en polvo

115 g/4 oz de jamón serrano en dados

12 aceitunas negras aliñadas

sal y pimienta al gusto

perejil picado, para adornar

1. Meta la harina en una bolsa de plástico y salpimiéntela. Ponga el pollo en la bolsa, átela y agítela bien para rebozarlo. Caliente 2 cucharadas del aceite a fuego medio-fuerte en una cazuela de hierro fundido. Rehogue el pollo, dándole varias vueltas, 15 minutos o hasta que se dore por todos los lados. Resérvelo en una fuente.

2. Caliente el resto del aceite en la cazuela y añada la cebolla y el pimiento. Baje el fuego a temperatura media y sofría las hortalizas hasta que empiecen a tomar color y a ablandarse. Incorpore el ajo, el chorizo y el concentrado, y siga sofriendo, sin dejar de remover, 3 minutos. Eche el arroz y rehóguelo 2 minutos, o hasta que esté translúcido.

3. Incorpore el caldo, la guindilla y el tomillo al arroz. Salpimiente. Remueva bien, llévelo a ebullición y devuelva el pollo a la cazuela, hundiéndolo con cuidado en el arroz. Tápelo y cuézalo a fuego lento unos 45 minutos, hasta que el arroz esté tierno y, al pinchar la parte más carnosa del pollo con la punta de un cuchillo afilado, salga un jugo transparente.

4. Incorpore con cuidado el jamón y las aceitunas. Vuelva a tapar la cazuela y caliéntelo 5 minutos. Adorne el arroz con perejil picado y sírvalo enseguida.

POLLO AL VINO TINTO

Antiguamente con este guiso típico de la Borgoña, donde se conoce como *coq au vin*, se ablandaba y daba sabor a las aves más duras. Hoy día, sin embargo, es una receta francesa muy conocida y apreciada.

PARA: 4 PERSONAS

PREPARACIÓN: 10 MINUTOS

COCCIÓN: 1 HORA Y 20 MINUTOS, APROX.

INGREDIENTES

55 g/4 cucharadas de mantequilla

2 cucharadas de aceite de oliva

1,8 kg/4 libras de pollo troceado

115 g/4 oz de panceta (tocino) curada en tiras

115 g/4 oz de cebollitas

115 g/4 oz de champiñones oscuros partidos por la mitad

2 dientes de ajo bien picados

2 cucharadas de brandy

225 ml/1 taza de vino tinto

300 ml/1¼ tazas de caldo de pollo

1 ramillete de hierbas hecho con ramitas de perejil y tomillo y 1 hoja de laurel, y atado con bramante

2 cucharadas de harina

sal y pimienta al gusto

hojas de laurel, para adornar

1. Derrita la mitad de la mantequilla con el aceite en una cazuela de hierro fundido. Rehogue el pollo a fuego medio, dándole la vuelta, de 8 a 10 minutos, o hasta que se dore por todos los lados. Añada la panceta, las cebollitas, los champiñones y el ajo.

2. Vierta el brandy sobre el pollo y flaméelo. Cuando se apaguen las llamas, añada el vino, el caldo y el ramillete de hierbas, y salpimiente. Llévelo a ebullición y, después, baje el fuego y cuézalo 1 hora, o hasta que el pollo esté tierno y al pincharlo en la parte más carnosa con la punta de un cuchillo afilado, salga un jugo claro.

3. Deseche el ramillete de hierbas. Saque el pollo de la cazuela y resérvelo caliente en una fuente. Mezcle la harina con el resto de la mantequilla y, con las varillas, vaya incorporando esta pasta al jugo de cocción de la cazuela. Lleve la salsa a ebullición, devuelva el pollo a la cazuela y caliéntelo bien. Adórnelo con hojas de laurel y sírvalo enseguida (advierta a los comensales de que no se coman el laurel).

GUMBO DE POLLO

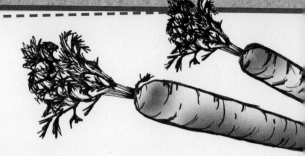

PARA: 4–6 PERSONAS

PREPARACIÓN:
30 MINUTOS

COCCIÓN:
2¹/₂ HORAS

INGREDIENTES

1 pollo de 1,5 kg/3¼ libras

2 ramas de apio, 1 partida por
la mitad y 1 bien picada

1 zanahoria picada

2 cebollas, 1 en rodajas
y 1 picada

2 hojas de laurel y ¼ de
cucharadita de sal

4 cucharadas/¼ de taza de
aceite vegetal

50 g/¹/₃ de taza de harina
y 2 dientes grandes de ajo

1 pimiento (ají) verde sin el
corazón ni las pepitas (semillas)
y en dados

450 g/1 libra de quingombó en
rodajas de 1 cm/½ in

225 g/8 oz de salchichas
andouille o kielbasa polacas
en rodajas

2 cucharadas concentrado
de tomate (jitomate)

1 cucharadita de tomillo

½ cucharadita de sal
y ½ de cayena molida

¼ de cucharadita de pimienta

400 g/14½ oz de tomate
(jitomate) troceado en conserva

arroz largo hervido y tabasco,
para servir

1. Ponga el pollo cortado en 6 trozos en una olla, cúbralo con agua y llévelo a ebullición a fuego medio-fuerte, espumando el caldo las veces que sea necesario. Cuando deje de formarse espuma, baje el fuego a temperatura moderada, añada la rama de apio partida por la mitad, la zanahoria, la cebolla en rodajas, 1 hoja de laurel y la sal, y cuézalo 20 minutos, o hasta que el pollo esté tierno y al pincharlo en la parte más carnosa, salga un jugo claro. Retírelo de la olla y cuele el caldo, reservando 1 litro (4 tazas). Cuando el pollo se haya enfriado un poco para manipularlo, retire y deseche la piel, los huesos y los condimentos. Córtelo en trocitos y resérvelo.

2. Caliente el aceite a fuego medio-fuerte en una cazuela 2 minutos. Baje el fuego, esparza la harina por encima y remueva hasta obtener una pasta. Remueva sin parar unos 20 minutos, o hasta que adquiera un color avellana. Si se formaran motitas negras, significa que se ha quemado y tendrá que volver a empezar.

3. Añada el apio y la cebolla picados, el ajo majado, el pimiento y el quingombó a la cazuela. Suba el fuego a medio-fuerte y rehogue las hortalizas, removiendo a menudo, 5 minutos. Agregue la

salchicha y prosiga con la cocción, removiendo,
2 minutos más.

4. Incorpore el resto de los ingredientes, excepto
el pollo e incluidos la otra hoja de laurel y el caldo
reservado. Llévelo a ebullición, deshaciendo el tomate
con una cuchara de madera. Baje el fuego a medio-bajo
y cuézalo, sin tapar, 30 minutos, removiendo de vez en
cuando.

5. Añada el pollo y prosiga con la cocción 30 minutos
más. Rectifique la sazón. Retire y deseche el laurel y
reparta el gumbo sobre el arroz. Sírvalo con un bote
de tabasco al lado.

ARROZ AL HORNO CON POLLO Y CHORIZO

PARA: 4 PERSONAS

PREPARACIÓN:
20 MINUTOS

COCCIÓN:
40–45 MINUTOS

INGREDIENTES

2 cucharadas de aceite de oliva

100 g/4 oz de chorizo pelado y en rodajas

1 cebolla bien picada

1 pimiento (ají) rojo sin las pepitas (semillas) y troceado

400 g/1 libra de contramuslos de pollo, sin el hueso ni la piel, en trocitos

4 dientes grandes de ajo bien picados

350 g/1¾ tazas de arroz bomba o arborio

150 g/1 taza de guisantes (arvejas, chícharos) congelados

1 cucharadita de pimentón dulce

1 buena pizca de hebras de azafrán

125 ml/½ taza de vino blanco seco

700 ml/3 tazas de caldo de pollo o de verduras

200 g/8 oz de gambas (camarones) grandes peladas y sin el hilo intestinal

sal y pimienta al gusto

perejil picado, para adornar

cuñas de limón, para servir

1. Precaliente el horno a 220 °C (425 °F). Caliente el aceite a fuego fuerte en una cazuela de hierro fundido o apta para el horno. Baje el fuego a medio-bajo y rehogue el chorizo, removiendo, 3 o 4 minutos, hasta que empiece a dorarse y a soltar el aceite. Retírelo con una espumadera y deseche todo el aceite excepto 2 cucharadas.

2. Rehogue la cebolla y el pimiento en la cazuela, removiendo, de 3 a 5 minutos, hasta que se ablanden. Añada el pollo y el ajo y remueva hasta que se doren.

3. Eche el arroz y los guisantes y remueva con suavidad hasta que el arroz se impregne bien del aceite. Incorpore el pimentón y el azafrán, vierta el vino y el caldo y salpimiente. Llévelo a ebullición, removiendo de vez en cuando, y ponga la cazuela en el horno precalentado, sin tapar, 15 minutos.

4. Sáquela del horno y añada las gambas y el chorizo, hundiéndolos con cuidado en el arroz. Prosiga con la cocción en el horno 10 minutos más, o hasta que el arroz esté tierno, las gambas doradas y el pollo, hecho. Realice un corte en medio de un trozo de pollo para comprobar que ya no está rosado. Adorne el arroz con perejil picado y sírvalo con cuñas de limón.

JAMBALAYA DE POLLO

PARA: 4 PERSONAS

PREPARACIÓN: 25 MINUTOS

COCCIÓN: 45 MINUTOS, APROX.

INGREDIENTES

2 cucharadas de aceite vegetal

2 cebollas troceadas

1 pimiento (ají) verde sin las pepitas (semillas) y troceado

2 ramas de apio troceadas

3 dientes de ajo bien picados

2 cucharaditas de pimentón dulce

300 g/10 libras de pechugas de pollo, sin el hueso ni la piel, picadas

100 g/4 oz de kabanos (salchichas secas polacas) picados

3 tomates (jitomates) pelados y picados

450 g/2¼ tazas de arroz largo

850 ml/3½ tazas de caldo de pollo o de pescado

1 cucharadita de orégano

2 hojas de laurel

12 gambas (camarones) grandes peladas y sin el hilo intestinal

4 cebolletas (cebollas tiernas o de verdeo) bien picadas

sal y pimienta al gusto

perejil picado, para adornar

1. Caliente el aceite a fuego lento en una sartén grande. Rehogue la cebolla, el pimiento, el apio y el ajo de 8 a 10 minutos. Incorpore el pimentón y rehogue unos 30 segundos más. Añada el pollo y la salchicha y prosiga con la cocción de 8 a 10 minutos más, hasta que empiecen a dorarse. Eche el tomate y cuézalo 2 o 3 minutos.

2. Eche el arroz en la sartén y remueva bien. Agregue el caldo, el orégano y el laurel y mezcle bien. Tápelo y cuézalo a fuego lento 10 minutos.

3. Añada las gambas y remueva. Vuelva a tapar la sartén y prosiga con la cocción de 6 a 8 minutos, hasta que el arroz esté tierno y el pollo y las gambas, cocidos. Para saber si el pollo está hecho, realice un corte en medio de un trozo para comprobar que ya no está rosado. Deseche el laurel. Incorpore la cebolleta y salpimiente. Adórnelo con perejil picado y sírvalo enseguida.

POLLO A LA CAZUELA CON HIERBAS

PARA: 4 PERSONAS

PREPARACIÓN: 15 MINUTOS

COCCIÓN: 1 HORA Y 40 MINUTOS

INGREDIENTES

4 muslos y contramuslos de pollo

2 cucharadas de harina

15 g/1 cucharada de mantequilla

1 cucharada de aceite de oliva

1 cebolla picada

3 dientes de ajo en láminas

4 nabos troceados

150 ml/⅔ de taza de vino blanco seco

850 ml/3½ tazas de caldo de pollo

3 puerros (poros), solo la parte blanca, en rodajas

75 g/8 ciruelas secas partidas por la mitad (opcional)

1 cucharada de mostaza inglesa

1 ramillete de hierbas

100 g/2 tazas de pan recién rallado

75 g/⅔ de taza de queso manchego rallado

50 g/¾ de taza de estragón y perejil picados

sal y pimienta al gusto

1. Precaliente el horno a 180 °C (350 °F). Reboce el pollo con la harina, sacudiéndolo para que se desprenda la que no haya quedado adherida. Derrita la mantequilla con el aceite en una cazuela de hierro fundido o refractaria. Rehogue el pollo, dándole unas vueltas, hasta que esté tierno y dorado por todos los lados. Retírelo con una espumadera y resérvelo caliente.

2. Eche la cebolla, el ajo y los nabos a la cazuela y rehóguelos 20 minutos, hasta que se doren bien.

3. Añada el vino, el caldo, el puerro, las ciruelas (si lo desea), la mostaza y el ramillete de hierbas, y salpimiente.

4. Devuelva el pollo a la cazuela, tápela y cuézalo en el horno precalentado 1 hora. Mientras tanto, mezcle el pan rallado con el queso y las hierbas.

5. Saque la cazuela del horno y suba la temperatura a 200 °C (400 °F).

6. Destape la cazuela y esparza el pan rallado condimentado. Devuélvala al horno, sin tapar, y prosiga con la cocción 10 minutos, hasta que la cobertura empiece a dorarse, el pollo esté hecho y, al pincharlo en la parte más carnosa con un cuchillo afilado, salga un jugo transparente. Sírvalo enseguida.

123

POLLO A LA GUINDILLA CON ARROZ CRIOLLO

PARA: 4 PERSONAS   **PREPARACIÓN: 15 MINUTOS,**   **COCCIÓN: 45 MINUTOS,**
MÁS ADOBO   **APROX.**

INGREDIENTES

8 pechugas de pollo, sin el hueso ni la piel, de 100 g/4 oz

2 cucharadas de salsa de guindilla (ají picante, chile) dulce

2 cucharadas de zumo (jugo) de naranja

2 dientes de ajo majados

sal y pimienta al gusto

ARROZ CRIOLLO

600 ml/2½ tazas de agua

250 g/1¼ tazas de arroz largo

1 cucharada de aceite de oliva

1 pimiento (ají) rojo grande sin las pepitas (semillas) y bien picado

1 cebolla pequeña bien picada

1 cucharadita de pimentón dulce

400 g/2 tazas de legumbres variadas cocidas, enjuagadas y escurridas, como alubias (porotos, frijoles) rojas y pintas y garbanzos (chícharos)

1. Ponga el pollo en una fuente baja que no sea metálica. Mezcle la salsa de guindilla con el zumo y el ajo en un cuenco, salpimiéntelo con moderación y viértalo por encima del pollo. Dele unas vueltas para que se empape bien del adobo. Tápelo y déjelo macerar un par de horas en el frigorífico.

2. Precaliente el horno a 180 °C (350 °F). Ponga el pollo macerado en una fuente refractaria antiadherente y áselo en el horno precalentado, dándole la vuelta, 25 minutos o hasta que esté tierno y al pincharlo en la parte más carnosa con un cuchillo afilado, salga un jugo transparente.

3. Mientras tanto, prepare el arroz criollo. Ponga a hervir el agua con un poco de sal en una cazuela. Eche el arroz y remueva bien. Tápelo, baje el fuego al mínimo y cuézalo, sin remover, 15 minutos o el tiempo indicado en el envase, hasta que esté tierno.

4. Caliente el aceite a fuego medio-fuerte en otra cazuela y rehogue el pimiento y la cebolla, removiendo a menudo, de 10 a 15 minutos, hasta que la cebolla esté tierna. En los últimos 5 minutos de cocción, agregue el pimentón. Incorpore las legumbres y rehogue 1 minuto más.

5. Incorpore las legumbres al arroz. Repártalo entre 4 platos y añada el pollo. Sírvalo enseguida.

POLLO ASADO CON AJOS

PARA: 6 PERSONAS

PREPARACIÓN: 10 MINUTOS

COCCIÓN: 1¹/₂–1³/₄ HORAS

INGREDIENTES

1 pollo de 1,6 kg/3½ libras

3 cabezas de ajos, con los dientes separados y sin pelar

6 ramitas de tomillo fresco

2 ramitas de estragón fresco

2 hojas de laurel

300 ml/1¼ tazas de vino blanco seco

sal y pimienta al gusto

1. Precaliente el horno a 180 °C (350 °F). Salpimiente el pollo por dentro y por fuera y átelo con bramante. Póngalo sobre una rejilla y esta, a su vez, dentro de una cazuela de hierro fundido o apta para el horno. Esparza los ajos y las hierbas alrededor del pollo.

2. Rocíe el pollo con el vino y tape la cazuela herméticamente. Áselo en el horno precalentado de 1½ a 1¾ horas, hasta que al pincharlo con un termómetro de carne marque 80 °C (180 °F) o hasta que esté tierno y, al pincharlo en la parte más carnosa con la punta de un cuchillo afilado, salga un jugo transparente.

3. Deseche el laurel. Reserve calientes el pollo y los ajos en una fuente. Cuele el jugo de cocción en un cuenco y espúmelo.

4. Trinche el pollo y repártalo con los ajos entre 6 platos. Rocíelo con el jugo de cocción y sírvalo.

¡GRAN IDEA!

Si los ajos se quemaran antes de que el pollo estuviera hecho, retírelos con una espumadera y resérvelos. Podrá añadirlos poco después, antes de que el pollo esté listo, para que se calienten.

ÍNDICE ANALÍTICO